AF474967

ACTION POPULAIRE

PLAIES SOCIALES

Pornographie, Alcoolisme

ACTION POPULAIRE
5, rue des Trois-Raisinets, 5
REIMS

A. NOËL « Maison Bleue »
4, rue des Petits-Pères, 4
PARIS (2e)

ACTION POPULAIRE

PLAIES SOCIALES

Pornographie, Alcoolisme

ACTION POPULAIRE
5, rue des Trois-Raisinets, 5
REIMS

A. NOËL « Maison Bleue »
4, rue des Petits-Pères, 4
PARIS (2e)

Plaies sociales

Obscénité et pornographie.

Le bilan de la pornographie.

Il faut avoir lu le rapport que M. *Pourésy*, agent général de la *Ligue française pour le relèvement de la moralité publique*, présentait à Paris, le 18 mars 1912, au 2e Congrès national contre la pornographie, pour se faire une idée approximative de la situation actuelle de la France au point de vue pornographique [1].

Les *livres malsains, immoraux, licencieux* ou *pornographiques*, mais ne pouvant fournir les éléments constitutifs du délit d'outrage aux bonnes mœurs, parus depuis un siècle, seraient au nombre d'environ 38.000, d'après M. Pourésy et M. l'abbé Bethléem [2]; ceux que l'on peut mettre entre toutes les mains au nombre d'environ 2.000. Certains romans licencieux tirés à 50.000 exemplaires en première édition ont atteint leur soixantième édition à 95 centimes. Les prix sont 25 et 30 centimes pour les brochures, 65, 95 centimes et 3 fr. 50 pour les

---

1. 2e *Congrès national contre la pornographie*, p. 19-48. Société anonyme de consultations périodiques, 13, quai Voltaire, Paris, 1912. — Consulter aussi le *Manuel pratique pour la lutte contre la pornographie*, de M. Bérenger, Paris, 1907, 13, quai Voltaire, et ses *Suppléments* semestriels (janvier et juillet), Paris, 10, rue Pasquier; la *Lutte contre la licence des rues*, par M. Giraud, tract de l'*Action Populaire*, Reims; le rapport de M. de Lannoy au VIIIe Congrès diocésain de Paris sur la *Lutte contre la licence des rues*, Paris, 1912, 50, rue de Bourgogne; le *Relèvement social*, journal bi-mensuel de M. Louis Comte, et ses *Suppléments*, 40, rue de Fontainebleau, Saint-Etienne; le *Bulletin d'informations antipornographiques*, 17 *bis*, rue Laporte, Bordeaux; *Dix années de luttes antipornographiques*, par E. Pourésy, Bordeaux, 1912, 14, rue des Frères Bonie.

2. *Romans à lire et romans à proscrire*, par M. l'abbé Bethléem, 5, rue Saint-Pierre, Lille, Nord.

romans. Environ un milliard de brochures immorales auraient été publiées.

Les *livres « obscènes sans ménagements »*, dit M. Pourésy, sont extrêmement variés. Un catalogue lyonnais annonce 114 ouvrages coûtant jusqu'à 20 fr. le volume. Un catalogue parisien signale 229 ouvrages de 5 à 40 fr., avec des exemplaires à 60, 100 et 150 fr. Certain ouvrage en 6 volumes vaut 1.875 fr.

Le 15 février 1912, une perquisition opérée place des Vosges, 1, au domicile particulier de M. H., libraire, a fait découvrir un placard dont le fond mobile masquait l'orifice d'un escalier accédant à un appartement secret. Ce local renfermait une quantité considérable de livres et de dessins d'une obscénité singulière. Leur valeur est estimée à 100.000 fr. Le prix marchand de chaque volume varie entre 75 et 300 fr. Tous ces livres, dont l'impression est des plus luxueuses, ont été saisis. M. H. a été envoyé à la Santé sous l'inculpation d'outrage aux bonnes mœurs. M. H. avait été condamné en 1899 pour le même délit à 9 mois d'emprisonnement par le tribunal de Clerkenwel. Une vingtaine de libraires se livrent, au dire de M. Pourésy, au même commerce criminel.

Le *théâtre bourgeois* est composé de pièces à succès « où l'adultère, l'union libre, la vie galante et les passions les plus scandaleuses veulent représenter la vie de notre époque et de notre pays. » Comment interdire aux mères de famille de « conduire leurs filles ou leurs fils aux soirées où l'on joue *Maman Colibri*, *Education de prince*, *Monsieur de Courpière*, *Lysistrata*, *les Travaux d'Hercule* ou *Xantho chez les Courtisanes?* Ce serait faire injure aux auteurs décorés, rentés et embourgeoisés qui ont écrit ces pièces. »

Le *théâtre populaire*, pour recommander son répertoire, ne recule devant aucune obscénité dans les affiches et les prospectus. Une demi-douzaine de troupes véhiculent, neuf mois durant, dans les villes et les grandes agglomérations de province, de véritables outrages publics à la pudeur.

Music-halls et *cafés-concerts* sont encore à un degré plus bas dans l'immoralité. D'après Ibels, sur 534 établissements élégants, ceux de Paris, Lyon et Marseille exceptés, 30 au plus sont à peu près convenables. Dans les autres, des spectateurs, en apparence distingués, applaudissent des spectacles ou des couplets infâmes, et il y a pire.

Dans les *cafés-concerts populaires*, au nombre de 1.500 environ, c'est tout uniment la prostitution, ainsi que dans plus de 50.000 cabarets de nuit ou cafés de garnison.

Signalons en passant une intéressante statistique : rien que pour Paris, les recettes brutes des principaux théâtres et spectacles se sont élevées à 58.762.484 fr., soit une augmentation de 25 millions sur l'année 1901, 35 millions sur 1891. Les recettes de 1900, l'année de l'Exposition, qui s'étaient élevées à 57.923.640 fr., soit environ le double des recettes normales, sont dépassées de près d'un million.

Les 58.762.484 fr. de recettes pour l'année 1911 se répartissent ainsi : théâtres subventionnés (Français, Odéon, Opéra, Opéra-Comique), 9.530.768 fr. ; autres théâtres, 23.516.370 fr. ; cinématographes, 2.803.610 fr. ; musées, expositions (Salon d'automne, Musée Grévin, Exposition de l'Aviation), 639.177 fr. ; concerts et cafés-concerts, 6.895.086 fr. ; music-halls, 7.079.051 fr. ; cirques-skatings et attractions diverses, 4.353.818 fr. ; bals, 982.975 fr. ; concerts d'artistes (Conservatoire, Concerts Colonne, Concerts Lamoureux), 592.609 fr. [1].

En 1912 les recettes ont encore été plus élevées; elles ont atteint, pour Paris seulement, le chiffre de 65.492.992 fr., soit 7 millions de plus qu'en 1911, et 8 millions de plus que dans l'année de l'Exposition [2].

La répartition est la suivante : théâtres subventionnés, 10.003.395; théâtres, 24.077.339; concerts et cafés-concerts, 9.458.570; music-halls, 7.441.010; cirques-skatings, 4.719.261; bals, 1.106.406; musées, expositions, 1.307.656; cinématographes, 6.841.566.

Dans les *spectacles forains*, les *musées anatomiques*, les *cinématographes*, les exhibitions les plus outrées sont tolérées. On organise des séances spéciales pour hommes seulement, on a soin de distribuer discrètement le programme avec le titre des films et d'indiquer qu'il n'y aura ni éclairage extérieur ni musique, ce qui est une précieuse garantie pour les amateurs qui n'aimeraient pas être reconnus.

Est-il besoin de parler des *cartes postales et des photographies obscènes* qui foisonnent de tous côtés ? Un dessinateur lyonnais a dépassé sa millième série de sujets pour cartes postales, presque tous contraires aux bonnes mœurs. Des albums sont vendus aux prix de 25, 30, 50, 75 centimes et 1 fr. avec cette mention imprimée sur la couverture : « Doit être vendu fermé et ne doit pas être vendu aux enfants. » Les éditions sont faites dans une douzaine de maisons, établies dans les grands centres comme Paris, Lyon, Marseille, Bordeaux, Toulouse, et dont trois font de la publicité.

Par leurs *annonces* éhontées, les grands quotidiens se font les complices de l'immoralité ambiante. Tel journal, dans un tirage hebdomadaire à 265.000 exemplaires, annonce que « Mme L. offre : 1° un veuf et une veuve pour mariage aisé ; 2° elle fait des mariages rapides ». Tel autre signale qu' « une Algérienne nouvellement arrivée, jolie, est à voir dans un hôtel particulier », ou encore que de « jolies statuettes vivantes sont visibles rue Caumartin, escalier à droite..... »

1. *Bulletin de statistique et de législation comparée*, mars 1912 p. 327-329.
2. *Ibid.*, mars 1913, pages 337-339.

Personne n'ignore enfin que les habitués les plus assidus de la *poste restante* sont les professionnels de la débauche et de la traite des blanches.

M. Pourésy se refuse à donner d'autres renseignements qu'il possède et dont le simple énoncé le conduirait en correctionnelle. Il est d'ailleurs des pensées salissantes dont tout esprit honnête se détourne et que nulle plume ne devrait exprimer.

Dans les autres pays.

La France est loin d'avoir le monopole de la pornographie. Les maisons d'éditions pornographiques des autres nations ont peut-être moins de retenue encore que les nôtres.

Les éditions françaises conservent jusque dans l'obscénité une certaine distinction ; en Italie, c'est l'obscénité sans aucun art, en Allemagne l'obscénité grossière et plate. Au reste, la police française a confisqué à plusieurs reprises, et notamment en mars 1912 à Alger, des cartes postales ignobles avec un texte français et la suscription : « Fantaisies parisiennes », mais venues d'Allemagne, le timbre d'expédition en faisait foi. « Sur la Côte d'Azur, dit M. Pourésy, ce sont des gens d'allure distinguée, promenant leur oisiveté et leur inutile personne aux villes ensoleillées du littoral, qui achètent les cartes postales et les livres pornographiques. Ces acheteurs sont presque tous des étrangers ; les cartes postales obscènes qu'ils achètent sont d'origine étrangère — nous en avons la preuve dans le texte français défiguré qui souligne les dessins — et les vendeurs ou vendeuses sont des étrangers aussi, des Italiens, Polonais, Allemands ou Espagnols [1]. »

Le Portugal, l'Espagne, l'Italie, la Suisse, la Hongrie, l'Allemagne, la Belgique et la Hollande encerclent la France de leurs obscénités. Seize maisons sont connues dans ces pays comme faisant commerce d'éditions pornographiques. Ici encore, M. Pourésy cite des faits curieux.

Une maison hollandaise a, pendant six ans, annoncé la vente de ses photographies obscènes dans tous les journaux pornographiques ou grivois de Paris.

Deux maisons allemandes, l'une de Hambourg, l'autre de Berlin, empêchées par les lois de l'empire de faire leur commerce dans leur pays, écoulent leurs produits en France, non sans ingéniosité, du reste. Leur procédé consiste à faire annoncer par quelqu'un de nos journaux pornographiques des lots de photographies à 3, 5, 10 et 20 fr. La commande doit toujours être accompagnée de son montant. Le

1. *Compte rendu du 2e Congrès national contre la pornographie*, rapport Pourésy, p. 33.

lecteur confiant s'exécute et attend quelque merveille : il reçoit quelques photographies insignifiantes, les profils d'une demi-douzaine de Gretchen.

L'***Italie*** a trois ou quatre dépôts à Barcelone. Les catalogues viennent d'Espagne et recommandent de s'adresser en Italie.

L'***Espagne*** et le ***Portugal*** font directement l'offre et la vente. Le dépôt central est à Madrid. M. Pourésy en a obtenu le catalogue de la façon suivante : « Dans un grand journal licencieux de Paris, dit-il, une annonce était ainsi conçue : « Curiosités, envoi contre 10 centimes, écrire X. Y. Z., poste restante à X., Yonne. » En réponse à mon envoi de 10 cent., je reçus un catalogue immoral, mais en indiquant un autre plus spécial contre 2 fr. Pour cette somme, on m'adressa le catalogue n° 108, de 24 pages, extrêmement obscène ; 342 séries de photographies obscènes, de 1 fr. 25 à 40 fr. la pièce, des livres autres que ceux annoncés dans les précédents catalogues et des objets innommables y sont indiqués [1]. » Tous ces catalogues sont imprimés en français.

L'***Autriche***, la ***Hongrie***, la ***Belgique*** font le même commerce.

Les Cinématographes.

En raison du danger de plus en plus manifeste qu'ils présentent, il nous semble utile d'attirer particulièrement l'attention sur les cinématographes. La moralité publique, la foi chrétienne, et aussi l'art populaire sont ici en question.

Voici quelques chiffres qui diront quel moyen redoutable de démoralisation peuvent être et sont malheureusement trop souvent les cinématographes :

Statistiques.

En 1912, l'***Allemagne*** a exporté en France 6.000.000 de mètres de films et 5.000.000 en Italie. Elle a importé 34.000.000 de mètres de films, dont la presque totalité venait de l'Angleterre et des Etats-Unis, et en a exporté 20.000.000. M. Max Linder, surnommé à Berlin le « roi du film », se flatte d'avoir reçu en trois ans un million d'honoraires d'une grande maison française pour régler et mimer les « pièces ». Cette maison produit par semaine 100.000 mètres de films qui lui coûtent 1 franc le mètre, mais

1. *Compte rendu du 2e Congrès national contre la pornographie*, rapport Pourésy, p. 41.

lui rapportent 8.000 francs par semaine, soit à la fin de l'année un bénéfice net de 400.000 francs.

A **Paris** les recettes des cinématographes sont passées de 2.803.610 francs en 1911 à 6.841.566 francs en 1912 [1].

Berlin à lui seul compte plus de 300 cinématographes. L'un d'eux peut rivaliser avec les plus grands théâtres et pour le nombre des places,. plus de 2.000, et pour la disposition intérieure, et pour la musique et l'orchestre, et pour le prix des loges et des fauteuils. Les recettes sont abondantes. C'est une excellente affaire. Plus de 100.000 personnes vont, chaque jour, assister à ces représentations ; elles y trouvent encore à boire et à manger, comme dans un bon restaurant. L'organisation ne laisse rien à désirer. Une société de cinématographes constituée avec un capital social de 700.000 marks avait, dès la première année, dans son bilan, un bénéfice net de 800.000 marks. Le fait n'a pas été démenti [2].

Ailleurs le succès est encore plus marqué.

La municipalité de Düsseldorf a publié le résultat d'une enquête très intéressante à cet égard. Dans les grandes villes d'Allemagne, les cartes d'entrée pour les réjouissances publiques sont soumises à une taxe en faveur du bureau de bienfaisance. Voici dans quelles proportions se présentent les différentes manifestations. Les cinématographes arrivent bons premiers avec 910.381 cartes d'entrée, les concerts viennent ensuite avec 684.503 entrées, les théâtres avec 396.145, les danses publiques avec 188.023, les cirques avec 82.173, les courses avec 39.307. La part du lion revient donc aux cinématographes et cette part tend à devenir chaque jour plus grande. Tout contribue à accélérer le mouvement.

Il existe déjà une véritable littérature s'occupant exclusivement des cinématographes.

De nombreuses revues avec un chiffre d'abonnés considérable se mettent au service de la cause pour propager les idées et les faits et multiplier les occasions de s'instruire.

Berlin compte 4 de ces publications dont le prix varie de 8 à 20 francs. Düsseldorf a un organe particulier; Leipzig édite un journal professionnel pour les détenteurs de cinématographes et les fabricants de films. Il paraît chaque semaine pour tenir ses abonnés au courant de tout ce qui se passe dans la branche. Hambourg a fondé un journal international de cinématographes, paraissant tous les huit jours, au prix de 5 francs par an.

---

1. *Bulletin de statistique et de législation comparée*, mars 1912, p. 328 ; mars 1913, p. 338.

2. *Les cinématographes en Allemagne*, par H. Cetty, *Mouvement social*, 15 juin 1913, p. 544-546.

A *Londres* le cinématographe fait fureur ; l'on voit souvent des ouvriers se priver de leur repas pour pouvoir payer une représentation cinématographique.

Pour la moralité des cinématographes.

Telle est la situation. Il s'agit de savoir si on laissera des entrepreneurs sans scrupules, et uniquement désireux de faire fortune, corrompre les foules par des spectacles immoraux, ou si l'on se décidera vite à créer des cinématographes où la morale sera respectée et aussi le public.

L'initiative privée a ici un beau rôle à remplir. Constatons qu'elle ne s'y refuse pas. A *Paris*, 10, rue François Ier, on a créé le *Bon Cinéma* ; la *Bonne Presse*, 5, rue Bayard, a inauguré, le 15 novembre 1912, un service de location de films ; la maison *Gaumont*, 38, rue des Alouettes, a fait de même. A *Lille*, M. Masselot et Cie ont fondé un *Comptoir international de Cinématographie* qui vend et loue des films où rien d'immoral n'est toléré.

En *Allemagne*, le Dr Pieper, président du *Volksverein*, a fondé une revue [1] qui poursuit une réforme devenue nécessaire. Elle s'adresse surtout aux cercles, anx syndicats, aux associations chrétiennes, pour orienter leur activité et leur permettre de donner à leurs membres des représentations capables d'élever le cœur et l'esprit, de faire l'éducation populaire. München-Gladbach avec son *Volksverein* a fondé une véritable succursale de films. Ces films sont très bien compris ; ils comprennent les sujets les plus divers et sont mis à la disposition des cercles pour un prix presque dérisoire.

Ces initiatives doivent se multiplier rapidement avant que le mal soit trop répandu, faute de quoi la lutte sera très difficile sinon impossible. C'est à cette action moralisatrice que Mgr Lobbedey, évêque d'Arras, conviait ses prêtres quand il écrivait le 11 août dernier dans sa « Semaine religieuse » : « Nous prions MM. les Curés, là où le danger existe, de parler haut et ferme contre les représentations cinématographiques qui seraient attentatoires à la morale, contraires à la religion et aux bonnes mœurs. »

« Les socialistes ont compris tout le parti qu'ils pourraient tirer du cinématographe. Dans la cité ouvrière de *Puteaux*, le restaurant coopératif « Chez nous », 33, boulevard Richard Wallace, a installé un cinéma champêtre. *L'Humanité* du

1. Bild und Film. Zeitschrift für Lichtbilderei und Kinematographie. Verlag der Lichtbilderei. München Gladbach (Vues et films. Revue pour projections et cinématographes. Traité des projections. Munchen-Gladbach).

6 juillet 1913 en racontait l'inauguration et faisait les réflexions suivantes : « Ce spectacle essentiellement populaire mérite toute notre attention. Il ne saurait nous laisser indifférents, alors qu'il passionne tant un public toujours plus nombreux et qu'il peut à la fois servir notre action, notre propagande sous une forme distrayante.

« Il y a même danger à nous en désintéresser et à le laisser aux mains d'exploitants n'ayant pas le souci d'éduquer notre classe en représentant des films agréables sous des formes diverses, exaltant le beau et le vrai, dénonçant l'erreur, répudiant la cruauté et les passions malsaines.

« Voilà ce que doit être le cinéma : moralisateur et amusant.

« En province, plusieurs maisons du peuple ou coopératives l'ont déjà compris, puisqu'elles utilisent ce moyen d'action pour recruter et créer un centre où la vie ouvrière revêt un caractère familial épris des sentiments de mieux-être et d'émancipation. »

Les *pouvoirs publics* auront aussi à prendre les mesures de réglementation pour protéger la morale publique. Plusieurs gouvernements ont du reste déjà pris certaines de ces mesures.

En **France** M. Klotz, ministre de l'Intérieur, envoyait aux préfets, le 19 avril 1913, une circulaire où il disait :

« Je vous prie de vouloir bien, par application des pouvoirs de police que vous confèrent les art. 97 et 99 de la loi du 5 avril 1884, interdire, dans toute l'étendue de votre département, les représentations des crimes récents par le cinématographe. La même prohibition devra s'appliquer aux exécutions capitales, ainsi que vous l'a déjà prescrit l'un de mes prédécesseurs, par un télégramme-circulaire du 11 janvier 1909.

« D'autre part je vous recommande de faire observer aux directeurs de cinématographes que, dans le cas où ils ne tiendraient pas compte de votre arrêté, non seulement ils tomberaient sous le coup de l'art. 471, § 15, du Code pénal, mais encore l'autorisation d'exploiter pourrait leur être retirée. En effet, le décret du 6 janvier 1864 sur la liberté des théâtres spécifie (art. 6) que les spectacles de curiosités, dans la catégorie desquels rentrent incontestablement les cinématographes, demeurent régis par la législation antérieure, c'est-à-dire par l'art. 4 du titre XI de la loi des 16-24 août 1790, ainsi conçu : « Les spectacles publics ne pourront être permis et autorisés que par les officiers municipaux. »

Une précédente circulaire, envoyée aux préfets le 22 novembre 1912 par M. Steeg, alors ministre de l'Intérieur, disait :

« Je vous recommande de rappeler aux maires que l'art. 97, § 3, de la loi du 5 avril 1884, leur confère le droit de prendre les mesures nécessaires pour assurer le maintien du bon ordre dans les spectacles, cafés et autres lieux publics. Par suite ils ont le droit d'user de leurs pouvoirs de police pour interdire toute représentation portant atteinte aux bonnes mœurs. Dans le cas où ils négligeraient de le faire, vous auriez souci de recourir au droit que vous tenez de l'art. 99 de la loi du 5 avril 1884. »

Les maires font d'ailleurs assez facilement usage des droits que leur confère la loi de 1884 : c'est ainsi qu'en 1912 les maires d'Avignon, de Nantes, de Clermont-Créans ont interdit dans les cinématographes les représentations immorales, et ceux de Belley, Lyon, Bordeaux, Lille, Toulon, Le Havre, La Rochelle, Pau, Lunéville, Dreux, les représentations de scènes de crimes.

M. Lépine, alors préfet de police, en août 1912, a rappelé aux commissaires de police les mesures à prendre contre l'exhibition de certains films cinématographiques.

Au début de juin 1913, M. Hennion, successeur de M. Lépine à la Préfecture de police, a rappelé aux directeurs de cinématographes que l'exhibition de tout film représentant ou des crimes récemment commis, ou des exécutions capitales, ou des spectacles barbares ou répugnants, « tels que les hommes *ratiers* », est interdite.

Il est à regretter qu'en France on ne se soit pas préoccupé de protéger l'enfance contre les spectacles immoraux.

En ***Allemagne***, à Berlin, une ordonnance de police interdit l'accès des cinématographes après 9 heures du soir, aux enfants au-dessous de 14 ans, même lorsqu'ils sont accompagnés par leurs parents, et il est interdit de mettre sous leurs yeux des scènes « *frivoles, crues ou excitantes* ».

Le 19 avril 1912, le Parlement de Berlin était saisi d'une série de résolutions invitant la Chambre à agir auprès du Chancelier pour obtenir une loi de protection contre la pornographie et contre les scandaleux abus des cinématographes. Le Chancelier était de plus invité à présenter un projet de loi pour que les cinématographes soient régis par le § 33 du Code du travail et à demander à tous les Etats de l'Empire un contrôle plus sévère et plus uniforme. On voudrait même dans certaines sphères défendre l'entrée des cinématographes aux personnes de moins de 16 ans et organiser des représentations spéciales pour la jeunesse.

En ***Autriche***, un décret ministériel, en vigueur depuis le 1er janvier 1913, détermine ainsi les conditions de l'exploitation d'un cinéma.

Les autorisations sont accordées pour une durée de une à trois années, et elles peuvent être refusées aux personnes ne remplissant pas toutes les conditions requises au point de vue de la moralité. Elles sont personnelles et incessibles, sauf en cas de décès du détenteur ; dans ce dernier cas, elles pourront passer de droit aux veuves, qui en perdent le bénéfice si elles se remarient, ou aux enfants du défunt.

Nul ne peut remplir les fonctions d'opérateur s'il n'a pas dix-huit ans révolus et s'il n'a passé un *examen de capacité officiel*, après un stage d'au moins six mois comme aide effectif, aux côtés d'un opérateur breveté. Nul ne peut être employé dans un cinéma à un titre quelconque s'il n'a seize ans révolus.

Aucun film ne peut être projeté en public sans avoir reçu l'estampille des examinateurs officiels, assistés dans leurs opérations d'un Comité consultatif de quatre autres personnalités.

Les enfants au-dessous de seize ans ne peuvent assister qu'aux séances cinématographiques enfantines, lesquelles ne doivent pas durer au delà de huit heures du soir.

Les autorités ont le droit de fixer les heures auxquelles les séances auront lieu, les dimanches et fêtes, *en tenant compte des heures fixées pour les cérémonies religieuses.*

En **Espagne**, un décret royal, publié le 28 novembre 1912, stipule que : 1° les titres et sujets des films seront présentés aux bureaux du Gouvernement ou aux Hôtels de Ville ; 2° les exhibitions pornographiques seront passibles d'amendes de 50 à 250 pesetas ; 3° nul enfant âgé de moins de 10 ans ne pourra entrer seul à un spectacle de nuit ; 4° sont seules autorisées les séances cinématographiques pour enfants, qui se font de jour et ont un caractère éducatif ou instructif.

En **Italie**, une circulaire du ministre de l'Intérieur, reproduite par la Civilta du 5 avril 1913, prescrit qu'aucune représentation cinématographique ne soit autorisée avant que les films aient été examinés par le fonctionnaire qui donne les licences. L'autorisation ne pourra être donnée quand les sujets seront contraires aux bonnes mœurs, à l'honneur national ou à l'ordre public, quand ils représenteront des crimes ou des actes de cruauté.

Une nouvelle circulaire citée par la Civilta du 17 mai 1913 et adressée par M. Giolitti, ministre de l'Intérieur, aux préfets d'Italie, dit que la revision des films aura lieu aux bureaux du ministère. A partir du 1er mai 1913, non seulement on ne pourra utiliser que les films portant le visa du ministère, mais encore les autorités locales compétentes pourront interdire, pour des raisons spéciales d'ordre public, les représentations autorisées par le ministère.

L'opinion publique est donc saisie de la question des cinématographes ; évitons de la laisser devenir indifférente, les conséquences en pourraient être incalculables.

Action des ligues et sociétés.

Il existe en France une *Fédération centrale des Sociétés contre la pornographie*, dont le siège est à Paris, 10, rue Pasquier. Président d'honneur : M. Bérenger; président : M. Ch. Gide; vice-président : M. Paul Bureau; délégué général : M. Pourésy. Son organe est le *Bulletin d'Informations antipornographiques*, 3 fr. par an. Le comité directeur comprend 10 membres siégeant à Paris et élus pour 6 ans, 5 par la Société centrale de protestation contre la licence des rues, 5 par la Section parisienne de la Ligue pour le relèvement de la moralité publique.

La *Société centrale de protestation contre la licence des rues*, dont le président est M. Bérenger, a son siège à Paris, 10, rue Pasquier.

La *Ligue pour le relèvement de la moralité publique* a pour président M. Paul Bureau et pour organe *Le Relèvement social*, qui paraît à St-Etienne, 40, rue de Fontainebleau; l'agent général est M. Pourésy. Siège : 83, rue du Cherche-Midi, Paris.

Ces deux sociétés ont des sections dans les principales villes de France.

L'*Etoile blanche contre l'immoralité publique et privée* a son siège à Paris, 2, place d'Anvers.

En plus de ces trois sociétés dont l'objet exclusif est la lutte antipornographique, 46 autres sociétés [1] sont affiliées à la Fédération centrale des sociétés contre la pornographie qui comprend, en outre, des adhérents individuels.

L'action de ces diverses ligues et sociétés a déjà procuré des résultats appréciables [2].

Sur leur requête, toutes les grandes compagnies de chemins de fer, bon nombre de compagnies secondaires, y compris le Métropolitain et beaucoup de compagnies de tramways, ont supprimé dans les bibliothèques de leurs gares toutes les publications périodiques nettement et habituellement licencieuses. Les journaux licencieux illustrés ont diminué en nombre. Ceux qui restent ont été forcés, pour subsister, de réduire leur tirage, tout en atténuant la licence de leurs dessins et de leurs textes. Dans beaucoup de grandes villes, les journaux pornographiques ont presque disparu des kiosques. Des annonces abor-

1. La liste en est donnée dans le *Compte rendu du 2e Congrès national contre la pornographie*, p. 7-9.

2. Voir *Dix années de luttes antipornographiques*, par E. Pourésy, Bordeaux, 1912.

tives ont également disparu de certains grands quotidiens. Plus de trente pièces de théâtre licencieuses ont été interdites dans plus de soixante villes. Les mutoscopes ont presque totalement disparu. Ils ont, il est vrai, été remplacés par les cinématographes, mais les tournées suspectes sont surveillées par les comités et dénoncées quand elles quittent une ville pour une autre.

Pour les musées anatomiques, le comité bordelais de vigilance s'est porté partie civile pour obtenir des poursuites et amener une décision judiciaire. La plainte du Comité de Rennes a déterminé des poursuites contre les exhibitions des musées anatomiques et les deux arrêts de la Cour de Rennes constituent une jurisprudence en la matière.

La Section bisontine de la Ligue pour le relèvement de la moralité publique a pris l'initiative de proposer à l'autorité militaire des conférences aux soldats de la garnison. Deux conférences sur l'éducation morale et le respect de la femme ont été faites par M. Pourésy sous la présidence du général Bonneau, commandant le 7e Corps d'armée. De 600 à 700 soldats ont assisté à ces conférences.

M. Michaud, libraire-éditeur à Reims et président de la Chambre syndicale des libraires de France, écrivait à M. Pourésy au début de 1912 : « Il est indiscutable que la pornographie littéraire a diminué très sensiblement depuis quelques années. Les causes m'apparaissent un peu diverses, mais on les ferait remonter facilement au mouvement créé par la Ligue pour la moralité, qui a certainement remué à la fois producteurs, vendeurs et acheteurs. »

L'action des Ligues et Sociétés, déjà efficace, comme nous venons de le voir, deviendra plus puissante encore le jour où, selon la proposition de loi déposée au Sénat le 27 mai 1909 par M. Bérenger, le droit de poursuite directe aura été accordé à ces sociétés. C'est, du reste, l'un des vœux qu'émettait le 2e Congrès national contre la pornographie [1].

Signalons quelques initiatives très heureuses qui ont été tentées pour la moralisation du théâtre et qui, sans doute, ne sont déjà plus les seules à l'heure actuelle : la création du *Théâtre François-Coppée*, 9, rue de Prague, à Paris, et du *Bon Théâtre*, 32 *ter*, quai de Passy, à Paris également, du *Théâtre Jeanne d'Arc*, *à Nancy*, réplique de la fameuse scène d'*Oberammergau*. Depuis le 1er juillet 1911, il existe une *Fédération générale des Sociétés dramatiques catholiques* dont le siège est à Lambersart (Nord), 15, avenue des Aubépines.

La **Belgique** possède aussi une *Société de Moralité publique* et une

1. *Compte rendu du 2e Congrès national contre la pornographie*, p. 212.

Ligue nationale contre la licence des étalages, les publications pornographiques et contraires aux bonnes mœurs (siège : 126, boulevard du Nord, à Bruxelles). Citons aussi la *Ligue chrétienne flamande* (*Christen Vlaamsch Verbond*), et la *Ligue des familles.*

En **Espagne** existe une *Ligue contre la pornographie* dont le siège est à Madrid, 2, plaza de Colon. A Barcelone ont été fondés un *théâtre catholique* et une *Ligue pour combattre les modes déshonnêtes.*

Au **Brésil**, l'Union catholique a créé, en 1912, une *Ligue antipornographique.*

Dans **l'Uruguay**, à Montevideo, la Ligue des Dames catholiques a une *Commission de censure théâtrale.*

Action des autorités.

Les maires possèdent des pouvoirs assez étendus pour réprimer efficacement la pornographie. M. Maurice Gand le rappelait, le 1er août 1912, dans un article très précis de la *Correspondance du Secrétariat social*, et les diverses sections de la *Ligue pour le relèvement de la Moralité publique* ont eu soin de le dire aux candidats lors des élections municipales de mai 1912.

Pour les **théâtres**, l'article 97 de la loi municipale du 5 avril 1884, qui confie aux maires le soin d'assurer le bon ordre dans les spectacles et autres lieux publics, leur donne le droit, après les commentateurs les plus autorisés de la loi municipale (Morgand, Grelot), l'interdiction des pièces et des spectacles contraires aux bonnes mœurs ; ce droit a été proclamé à la tribune par le ministre de l'Instruction publique à la séance du Sénat du 18 décembre 1908 et par M. Steeg, ministre de l'Intérieur (Sénat 22 mars 1912), répondant à une interpellation de M. Bérenger sur l'insuffisance de la répression des outrages aux bonnes mœurs.

Le 22 novembre 1912, M. Steeg adressait une circulaire aux préfets au sujet des affiches outrageantes pour les bonnes mœurs, soit par leur texte, soit par les dessins qu'elles reproduisent et au sujet des pièces ou chansons représentées ou chantées dans certains théâtres ou cafés-concerts. Il leur rappelait le droit que leur confère l'article 97, § 3, de la loi du 5 avril 1884 de prendre les mesures nécessaires pour assurer le maintien du bon ordre dans les spectacles, cafés et autres lieux publics.

Les **cafés-concerts, music-halls** et **cinémas** sont placés sous la surveillance de l'autorité administrative par l'article 6 du décret du 6 janvier 1864. Une circulaire ministérielle de M. Clémenceau du 18 décembre 1906, invitait les préfets à prendre des arrêtés réglementant les concerts. Les maires peuvent prendre des arrêtés analogues concernant les cinémas.

Les **spectacles forains,** *musées anatomiques, tirs, baraques louches* et *mutoscopes* sont soumis à la surveillance municipale.

Les **kiosques à journaux** sont ordinairement concédés par les villes à un ou plusieurs concessionnaires, les maires n'ont qu'à introduire dans le cahier des charges une clause interdisant la vente de publications contraires aux bonnes mœurs ; ils peuvent interdire aussi la publicité très spéciale qui se fait dans beaucoup de chalets de nécessité.

De même les maires peuvent donner des ordres précis aux commissaires de police, qui feront assurer par leurs agents le respect et la propreté de la rue.

Une circulaire de la *Direction générale des contributions indirectes* du 12 novembre 1909 prohibe la vente dans les débits de tabac des publications et cartes postales contraires aux bonnes mœurs. Les compagnies de chemins de fer ont interdit la vente dans les bibliothèques des gares des publications pornographiques. En cas d'infraction, les maires sont particulièrement qualifiés pour porter plainte.

A propos des cinématographes nous avons déjà dit les interdictions faites par certains maires et par M. Lépine, préfet de police, des représentations immorales ou des reproductions de scènes de crimes.

Le 6 avril 1912, M. Lépine a fait enlever de l'exposition de la Société nationale des Beaux-Arts, au Grand Palais, trois œuvres présentant un caractère nettement obscène ; quelques jours avant il avait interdit deux pièces immorales représentées à l'Eden lyrique, 7, rue d'Avron.

Au sujet de cette dernière interdiction il y a lieu de remarquer que si la censure concernant les théâtres est supprimée à Paris, elle subsiste toujours en province, où elle peut être exercée par les autorités administratives : préfets, sous-préfets ou maires. Le préfet de police ne peut donc pas intervenir à propos des spectacles donnés par les théâtres, mais il a toujours le droit, s'il s'agit des concerts ou music-halls, d'agir préventivement lorsqu'il sait qu'une chanson, une scène ou une exhibition sont susceptibles de provoquer des troubles ou des manifestations dans un sens ou dans un autre.

Voici une liste de pièces de théâtre interdites, en 1912, par l'autorité municipale : Fleur de Volupté, à Paris ; Vierge outragée, au Chambon-Feugerolles, à Montbrison, à Roanne ; Xantho chez les courtisanes, à Caen, Brest et Rennes ; Vengeance de prostituée, à Malherbes ; Belle Irène, Education de Chéri, à Charleville ; Bonne à tout faire, à Epinal ; Fille de trottoir, Sous les fortifs, à Roanne.

M. *Paul Bluysen*, député, a signalé au ministre des Finances certaines affiches placardées en grand nombre dans Paris, qui ne portent ni timbre, ni nom d'imprimeur, et qui ont toutes un caractère nettement pornographique.

M. Klotz a répondu : « Il y a lieu de penser que la question posée vise des placards non timbrés et sans nom d'imprimeur qui annoncent des consultations dites médicales. Ces placards portent en tête : « Ville de Paris, loi du 30 novembre 1892 », et paraissent ainsi se réclamer du patronage officiel de la municipalité parisienne. Trois procès-verbaux constatant l'apposition de ces affiches en différents quartiers de Paris ont été récemment dressés, et au cours du mois de décembre 1911, 602 affiches similaires avaient été déjà saisies. »

Le 20 mars 1913, le préfet des Deux-Sèvres adressait aux maires de son département une circulaire pour leur signaler l'inconvénient qui résulte de l'affichage sur les murs des établissements scolaires, de scènes de violences ou de passion.

Dans le ***Luxembourg***, plusieurs communes importantes du bassin minier ont défendu aux établissements cinématographiques d'admettre aux représentations les élèves des écoles primaires et des collèges, sauf en certaines occasions déterminées où les films doivent avoir été préalablement soumis à la censure.

En ***Hongrie***, à Budapest, le chef de la police, Dr Boda, a publié une ordonnance énergique contre les productions obscènes de la presse. Le ministre des Cultes, M. le comte Jean Zichy, a rendu une ordonnance contre les publications pornographiques et a recommandé aux directeurs d'écoles moyennes de veiller à ce que leurs élèves ne puissent se procurer ces publications.

Législation.

Rappelons que les principales lois relatives aux outrages aux bonnes mœurs sont :

1° La loi du 7 avril 1908 modifiant la loi du 16 mars 1898 qui modifiait elle-même la loi du 2 août 1882 ; 2° la loi du 29 juillet 1881, sur la presse, art. 28 ; 3° l'article 330 du Code pénal ; 4° la loi des 16-24 août 1790, titre XI, art. 4 ; 5° la loi du 5 avril 1884, art. 91 et 97.

Ces deux dernières lois donnent aux maires les pouvoirs de police, dont nous avons déjà parlé, sur les théâtres.

Commerce d'objets obscènes. — Le 28 novembre[1] et le 21 décembre 1911[2] le Sénat a adopté le projet de loi déposé au Sénat le 22 novembre 1910[3] par M. *Théodore Girard* et à la Chambre par M. *Cruppi*

1. *J. O.*, 29 novembre 1911, *Déb. parl.* Sénat, p. 1447-1452.
2. *J. O.*, 22 décembre 1911, *Déb. parl.* Sénat, p. 603-605.
3. *J. O.*, 19 janvier 1911, *Doc. parl.* Sénat, annexe n° 362, p. 14.

le 29 décembre 1911 [1]. Ce projet avait été élaboré à la suite de la conférence internationale contre la pornographie réunie à Paris, du 18 avril au 4 mai 1910. Le rapport *Guillier*, sur ce projet de loi, avait été déposé le 6 avril 1911 et concluait à l'adoption [2].

Ce projet de loi, dont nous avons donné le texte dans l'*Année sociale 1912* [3], établit quatre délits nouveaux : 1° le transport de documents obcènes ; 2° la détention en vue d'en faire commerce ; 3° la fabrication ; 4° l'annonce ayant en vue un commerce immoral. De plus, il internationalise la répression.

Le projet est actuellement en instance devant la Chambre. Il importerait qu'il fût voté rapidement, les autres nations, co-signataires du projet, ont, pour la plupart, ratifié l'arrangement conclu à Paris.

Poste restante. — A la séance du Sénat du 15 février 1912 [4], M. *Bérenger* demandait à M. le sous-secrétaire d'Etat des Postes et Télégraphes de prendre des précautions pour que les enfants ne puissent pas recevoir leur correspondance à la poste restante. Le 2° Congrès national contre la pornographie avait émis, le 20 mars 1912, un vœu dans le même sens [5]. M. Chaumet avait promis d'étudier la question. Le 7 novembre 1912, il adressait aux directeurs départementaux des Postes et Télégraphes une circulaire où il prescrivait que « les lettres et les autres objets de correspondance adressés nominativement poste restante ne seraient plus délivrés sur la présentation d'une enveloppe de lettre, précédemment reçue « poste restante » ou d'une carte de visite, et que les garçons mineurs de 16 ans, ainsi que les jeunes filles mineures de 18 ans ne pourraient plus faire usage de la poste restante pour recevoir des correspondances adressées sous des initiales.... Les agents devront s'assurer d'autre part que les mineurs qui se présenteront au guichet pour obtenir la livraison de correspondances adressées sous des initiales, réunissent les conditions d'âge requises. Lorsqu'il y aura doute à cet égard, les intéressés devront établir par la production d'une pièce authentique à leur nom (bulletin ou extrait d'acte de naissance, pièces administratives portant la date de naissance, etc.), qu'ils ont dépassé, suivant le cas, l'âge de 16 ou de 18 ans.

Enfants au théâtre. — Le 5 décembre 1911, M. *de Monzie* déposait à la Chambre une proposition de loi tendant à supprimer le paragraphe 2 de l'article 8 de la loi du 2 novembre 1892, qui prévoit l'emploi d'enfants de moins de treize ans dans les théâtres [6]. M. *l'abbé Lemire* fit sur cette proposition un rapport favorable qu'il déposa le

1. *J. O.*, 7 mai 1912, *Doc. parl.* Chambre, annexe n° 1558, p. 531.
2. *J. O.*, 13 août 1911, *Doc. parl.* Sénat, annexe n° 113, p. 657-658.
3. *Année sociale internationale 1912*, p. 201.
4. *J. O.*, 16 février 1912, *Déb. parl.* Sénat, p. 310.
5. *Compte rendu du 2° Congrès national contre la pornographie*, p. 215.
6. *J. O.*, 2 mai 1912, *Doc. parl.* Chambre, annexe n° 1426, p. 359-360.

15 mars 1912[1]. Il ajoutait simplement à la proposition de Monzie cette disposition : « Les dérogations accordées en vertu de ce texte (paragraphe 2 de l'article 8 de la loi du 2 novembre 1892) cesseront de plein droit six mois après la promulgation de la présente loi. »

On sait — il en sera parlé plus loin au chapitre du « travail des femmes et des enfants » — que la Chambre a adopté sur rapport de M. l'abbé *Lemire*[2], le 14 juin 1912, la proposition *Godart* tendant à abroger les dispositions de la loi du 2 novembre 1892 permettant l'emploi dans l'industrie d'enfants n'ayant pas treize ans révolus.

M. *Bérard* s'est inspiré de ces projets de législation en envoyant le 10 mars 1913[3] aux préfets et aux directeurs de théâtres et de cafés-concerts sédentaires une circulaire réglementant de façon minutieuse l'emploi sur la scène des enfants de moins de treize ans, afin que l'autorisation d'employer ces enfants ait « un caractère rigoureusement exceptionnel ». « En aucun cas l'autorisation ne pourra être accordée pour des enfants âgés de moins de neuf ans. »

Le 31 mai 1912, M. *Georges Berry* avait déposé une proposition de loi[4] relative à la création d'une Commission qui assisterait les autorités compétentes pour accorder les dérogations pour l'emploi au théâtre des enfants de moins de 13 ans.

M. *Doizy* a déposé aussi une proposition de loi[5] sur les obligations imposées aux patrons qui louent les services des mineurs de moins de 13 ans[6].

Jurisprudence.

De novembre 1911 à décembre 1912, le Tribunal correctionnel de la Seine a jugé 19 affaires de vente de cartes ou de photographies et 4 affaires de vente d'imprimés ou livres avec gravures ; 5 inculpés ont été renvoyés des fins de la poursuite, 29 autres ont été condamnés à des peines variant entre 8 jours et 13 mois de prison et 16 et 2.000 fr. d'amende. Nous n'avons pas de statistiques complètes pour les tribunaux correctionnels de province, ni pour les affaires de mœurs venues devant les Cours d'assises et dont l'une, l'affaire de l'ex-directeur de la *Lanterne*, M. F., fut un énorme scandale.

Le 1er mai 1912, la *Cour d'appel de Lyon* condamnait à 6 jours de prison, à 100 francs d'amende et aux dépens, un vendeur de « *La Vie en Culotte rouge* ».

1. *J. O.*, 18 mai 1912, *Doc. parl.* Chambre, annexe n° 1767, p. 272-274.
2. *J. O.*, 15 juin 1912, Chambre, page 1488.
3. *J. O.*, 4 avril 1913, p. 3007-3009.
4. *J. O.*, 15 août 1912, *Doc. parl.* Chambre, annexe n° 1947, page 1286.
5. *J. O.*, 9 mai 1912, *Doc. parl.* Chambre, annexe n° 1619, page 59.
6. *J. O.*, 18 mai 1912, *Doc. parl.* Chambre, annexe n° 1768, page 274.

L'administration de la Société du journal « La Vie en Culotte rouge » avait intenté en 1911 des procès à plusieurs membres des Ligues pour la moralité publique : MM. Chenesseau, président du Comité du Loiret ; Pourésy, secrétaire général du comité bordelais ; le docteur Choupin, président de la Ligue stéphanoise pour la protection de l'enfance contre l'image obscène. Les tribunaux civils de Bordeaux, Orléans et Saint-Étienne ont débouté la Société de sa demande et l'ont condamnée aux dépens. Depuis le 1er décembre 1912, la « Vie en Culotte rouge » paraît sous le titre « Le Régiment ».

Le *tribunal correctionnel de Tonnerre* a condamné à six mois de prison, en juillet 1912, le directeur de la tournée « Fleur de Volupté », et son complice, le distributeur de prospectus, à trois mois de la même peine. Ces mêmes individus avaient déjà été condamnés par le tribunal de Cambrai, le 12 juin 1912, à 6 jours de prison et 100 francs d'amende.

Dans l'audience du 29 juin 1912, le tribunal correctionnel de Rennes condamnait le tenancier d'un « musée anatomique » à 500 francs d'amende, prononçait la confiscation des objets saisis et en ordonnait la destruction.

Le 2 novembre 1912, deux arrêts de la *Cour d'appel de Rennes* condamnaient l'un à 15 jours de prison, l'autre à 100 francs d'amende, deux tenanciers de « musées anatomiques » et prononçaient dans les deux cas la confiscation et la destruction des objets saisis.

Par contre la *Chambre criminelle de la Cour de cassation* cassait et annulait, le 28 mars 1912, un arrêt de la Cour d'appel de Bordeaux du 20 octobre 1911 qui avait condamné la femme M. à 50 francs d'amende pour outrage aux bonnes mœurs. L'un des considérants était que « s'agissant d'une poursuite pour outrages aux bonnes mœurs, les juges correctionnels doivent spécifier les éléments de fait desquels ils ont déduit le caractère obscène ou contraire aux bonnes mœurs des écrits, dessins ou objets incriminés, que ces précisions sont nécessaires pour permettre à la Cour de cassation de contrôler leur décision sur l'existence de ce caractère qui est l'un des éléments constitutifs du délit, et de vérifier ainsi la régularité de l'application de la loi pénale. »

Le 10 juillet 1912, le tribunal correctionnel de Rouen relaxait un individu poursuivi « pour avoir remis sciemment à une Compagnie de transports qui devait le faire visiter en douane un colis contenant des images obscènes que les agents du voiturier devaient nécessairement, pour se conformer à la loi, exposer dans un lieu public, et ont, en effet, exposées dans un lieu public. »

***

En terminant cette étude sommaire sur une des plaies morales de notre temps, nous aimons à citer les paroles de *Mgr Gibier* qui terminent sa brochure déjà citée sur le « Fléau de la dépopulation » :

« La religion épure les mœurs ; la religion sauve les âmes, les foyers et les peuples. Qu'avons-nous à gagner à déchristianiser la France ? Le seul patriotisme doit nous forcer d'avouer qu'on a fait fausse route en répudiant les vieilles croyances et en livrant la nation au matérialisme et à l'athéisme. Reprenons donc le bon chemin. Revenons au christianisme et à l'Église catholique. Et n'oublions pas que, pour croître, un peuple, avant tout, doit croire. Nous voulons tous que la France vive et qu'elle ait un rôle grandissant dans le monde. Prenons-en les moyens. Ne lui enlevons pas le peu de religion qui lui reste. Rendons-lui sa vieille mentalité catholique. »

Bibliographie.

DOCUMENTS OFFICIELS. — Circulaires Bérard, aux préfets et aux directeurs de théâtres et de cafés-concerts sédentaires sur la figuration en scène des enfants de moins de treize ans. — *J. O.*, 4 avril 1913, p. 3007-3009.

Discussion au Sénat sur le projet de loi relatif à la répression des outrages aux bonnes mœurs. — *J. O.*, 29 novembre 1911, Sénat, pages 1447 à 1452 ; *J. O.*, 22 décembre 1911, Sénat, pages 603-605.

Intervention de M. Bérenger au Sénat, au sujet de la poste restante. — *J. O.*, 16 février 1912, Sénat, p. 309.

Proposition de loi G. Berry, relative à la création d'une commission qui assisterait les autorités compétentes pour accorder les dérogations pour l'emploi au théâtre des enfants de moins de 13 ans. Déposée le 31 mai 1912. — *J. O.*, 15 août 1912, *Doc. parl.* Chambre, annexe n° 1947, p. 1286.

Proposition de loi Doizy, sur les obligations imposées aux patrons qui louent les services de mineurs de moins de 13 ans. — *J. O.*, 9 mai 1912, *Doc. parl.* Chambre, annexe n° 1619, p. 59.

Projet de loi Théodore Girard, ayant pour objet la modification des lois des 2 août 1882, 16 mars 1898, et 7 avril 1908, sur les outrages aux bonnes mœurs. — *J. O.*, 19 janvier 1911, *Doc. parl.* Sénat, annexe n° 362, p. 14 ; déposé le 22 novembre 1910 au Sénat — *J. O.*, 7 mai 1912, *Doc. parl.* Chambre, annexe n° 1558, p. 531 ; déposé le 29 décembre 1911 à la Chambre.

Rapport Guillier sur le projet de loi ayant pour objet la modification des lois des 2 août 1882, 16 mars 1898, et 7 avril 1908, sur les outrages aux bonnes mœurs. — *J. O.*, 13 août 1911, *Doc. parl.* Sénat, annexe n° 113, pages 657-658 ; déposé le 6 avril 1911.

Théâtres et spectacles de Paris. — *Bulletin de statistique et de législation comparée,* mars 1912, p. 327 ; mars 1913, pages 337-339.

LIVRES ET BROCHURES. — Compte rendu du II° Congrès national contre la pornographie. — 18, 19, 20 mars 1912, Paris.

La démoralisation de la jeunesse par la littérature et l'imagerie crimi-

nelles, par *M. Maurice Violette* — Bordeaux, imprimerie Marcel Durand, 14, rue des Frères Bonie.

Dix années de luttes antipornographiques, par *E. Pourésy*. — Bordeaux, 1912.

Le Fléau de la dépopulation, par *Mgr Gibier*. — Lethielleux, Paris, 1909.

Manuel d'action religieuse, *Action Populaire*, Reims, 1913. Lutte contre la pornographie, pages 653-657.

Manuel pratique pour la lutte contre la pornographie. — Suppléments n°s 8 et 9 (janvier 1912 et janvier 1913).

Procès de la Société « La Vie en culotte rouge », contre *M. E. Pourésy*. — Brochure du Comité bordelais de vigilance pour la protection morale de la jeunesse et la répression de la licence des rues, 17bis, r. Laporte, Bordeaux.

REVUES. — A propos de cinématographes : Utilisation et législation, par *J. Anger*. — *Revue de l'Action Populaire*, 20 juillet 1913.

Les abus de la poste restante. — *Le Travail de la femme et de la jeune fille*, sept. 1912, p. 1339 ; *L'Enfant*, août 1912, p. 150 ; *La Grande Revue*, 10 juin 1912.

Les Cinématographes en Allemagne, par *H. Cetty*. — *Mouvement social*, 15 juin 1913, pages 544-546.

Le IIe Congrès national contre la pornographie. — *Réforme sociale*, 10 avril 1912, p. 510.

La lutte contre la licence des rues. — *VIIIe Congrès diocésain de Paris*, p. 228.

La lutte contre l'immoralité. — *Revue pratique d'apologétique*, 1er novembre 1912, p. 221.

La lutte contre la pornographie, par *L. Désers*. — *Revue du Clergé français*, 1er septembre 1912, p. 513.

Les œuvres de préservation morale et de formation sociale de l'adolescence en Prusse, par *Charles Collard*. — *Réf. soc.*, 1er et 16 nov. 1911.

PUBLICATIONS ÉTRANGÈRES. — A proposito di cinematografi (A propos des cinématographes). — *La Civiltà Cattolica*, 5 avril 1913, p. 105.

Bild und Film. Zeitschrift für Lichtbilderei und Kinematographie. Verlag der Lichtbilderei. Munchen Gladbach (Vues et films. Revue pour projections et cinématographes. Traité des projections. Munchen-Gladbach).

Proteccion à la infancia (Protection de l'enfance) (cinématographie). — *Boletin del Instituto de Reformas sociales*, décembre 1912, p. 576.

Nuove disposizione ministeriali per i cinematografi (Nouvelles instructions ministérielles pour les cinématographes). — *La Civiltà Cattolica*, 17 mai 1913, p. 506.

L'Alcoolisme.

Chaque nouvelle année oblige à faire les mêmes constatations alarmantes : la production et la consommation de l'alcool, surtout sous sa forme la plus nocive, l'absinthe, augmentent, le nombre des débits s'accroît, la mortalité et la morbidité alcooliques s'élèvent, la force et l'avenir de la race sont compromis de plus en plus. Les statistiques du ministère des Finances sur la production et la consommation de l'alcool[1], et du ministère de l'Intérieur sur la santé publique[2] sont à ce sujet tristement instructives, et l'on se demande avec angoisse quelles barrières seront capables d'arrêter le fléau quand on voit une politique à courte vue — ce fut le cas le 5 février 1912, lors de la discussion sur la limitation des débits de boissons — sacrifier les forces vives du pays à des intérêts électoraux.

Production et consommation de l'alcool en France.

Les statistiques du ministère des Finances donnent la *production* des distilleries industrielles et des bouilleurs de cru dont la fabrication est contrôlée et la *production approximative* des bouilleurs de cru, dont la production n'est pas contrôlée.

L'ensemble des quantités d'alcool produites en 1911 par les 12.510 distillateurs et bouilleurs de profession, ainsi que par les 1.203 bouilleurs de cru qui se soumettent à la surveillance de la régie, s'est élevé à 2.272.133 hectolitres d'alcool, soit une augmentation de 21.301 hectolitres sur la production de 1910 (2.250.832 hectolitres) et de 63.983 hectolitres sur la moyenne des dix années antérieures.

La fabrication des 835.084 bouilleurs de cru non contrôlée est évaluée à 143.000 hectolitres ; elle était évaluée à 140.000 hectolitres en 1910.

La production totale de l'alcool en France a donc atteint, en 1911, 2.415.000 hectolitres au lieu de 2.391.000 en 1910, soit une augmentation de 24.000 hectolitres.

Une partie de l'alcool produit est dénaturée et sert à des usages

1. Production des alcools en 1911 et 1910. — Bulletin de statistique et de législation comparée, juillet 1912, p. 22-60.

2. Rapport sur la dernière statistique sanitaire de la France, présenté au ministre de l'Intérieur par M. le Directeur de l'assistance et de l'hygiène publiques. *J. O.*, 20 septembre 1912, p. 8212-8215.

industriels. Une autre partie est consommée sous forme d'esprits, d'eaux-de-vie, de kirschs, rhums, bitters, absinthes, liqueurs, etc. Cette consommation est la seule dont nous ayons à nous occuper ici, c'est elle qui nous fournit nos chefs d'accusation contre l'alcoolisme.

En 1911, il a été consommé 1.574.018 hectolitres d'alcool *pur*, c'est-à-dire supposé à 100 degrés. Ce chiffre doit être triplé si l'on veut connaître le volume des boissons alcooliques, eaux-de-vie, absinthe, liqueurs diverses, absorbées.

En 1910, la quantité d'alcool pur imposée avait été de 1.399.034 hectolitres.

La consommation a donc augmenté, d'une année à l'autre, de 174.984 hectolitres d'alcool pur, c'est-à-dire de plus de 11 %.

Ce chiffre de 1.574.018 hectolitres est le plus élevé qui ait été atteint depuis 1901, c'est-à-dire depuis le relèvement du droit de consommation édicté par l'article 1er de la loi du 29 décembre 1900. Il dépasse de près de 64.000 hectolitres celui de 1904 (1.514.309 hectolitres) qui a bénéficié des effets de la réglementation générale des bouilleurs de cru. Or, il faut noter que, depuis 1907, une catégorie importante de spiritueux, les apéritifs à base d'alcool, supporte une surtaxe au droit de consommation de 50 francs par hectolitre d'alcool pur, avec un minimum d'imposition de 65 degrés pour les absinthes et similaires et de 30 degrés pour les bitters, amers et autres boissons apéritives.

Le fait est d'autant plus caractéristique que les prix de l'alcool se sont tenus, au cours de 1911, à des taux élevés. En effet, le prix moyen de l'alcool d'industrie, dit « alcool de Bourse », est passé de 55 francs l'hectolitre en janvier à 61 francs en mars et, après s'être maintenu à ce chiffre jusqu'au mois de juin, où il est tombé à 57 francs, il a repris une marche ascendante, pour atteindre, en octobre, 71 francs, cours qu'il a conservé jusqu'à la fin de l'année. Le prix moyen applicable à l'ensemble de l'année ressort exactement à 59 fr. 38, supérieur à tous ceux qui ont été relevés depuis 1882.

Depuis 1907, date à laquelle fut rétabli le privilège des bouilleurs de cru, la consommation est passée de 1.289.408 hectolitres à 1.574.018, soit une augmentation de 284.610 hectolitres, c'est-à-dire près de 20 %.

La quotité moyenne par habitant et par an de la consommation en alcool pur, qui était de 3 litres 31 en 1907, s'est élevée à 3 l. 44 en 1908, 3 l. 46 en 1909, 3 l. 59 en 1910, 4 l. 06 en 1911.

Pour l'absinthe, le plus nocif des spiritueux, l'augmentation est deux fois plus forte. En dépit de la surtaxe, l'absinthe a vu sa consommation passer, pendant la période 1907-1911, de 160.000 hectolitres (en alcool pur) à 220.000, soit une augmentation de 60.000 hectolitres et de 40 %.

Pour l'alcool le taux de l'augmentation, qui est de 11 % pour l'ensemble de la France, varie sensiblement d'une région à l'autre. Il est de :

1° 29 % dans la région du Midi, comprenant les départements gros producteurs de vins et de marcs et dont la production en alcool de cru est élevée : Gard, Hérault, Aude, Pyrénées-Orientales, Gers, Lot-et-Garonne, Lot, Dordogne, Tarn, Tarn-et-Garonne ;

2° Près de 11 % dans les départements où sont les plus importants bouilleurs de cru de cidre de l'Ouest : Calvados, Orne, Manche, Mayenne, Sarthe ;

3° 23 % dans la région comprenant les 31 départements de l'Est, du Centre et de la vallée de la Loire où se trouvent, en grand nombre, les petits bouilleurs de cru de marcs ou de fruits : Meuse, Meurthe-et-Moselle, Vosges, Haute-Saône, Doubs, Jura, Marne, Haute-Marne, Aube, Yonne, Côte-d'Or, Saône-et-Loire, Ain, Nièvre, Allier, Puy-de-Dôme, Savoie, Haute-Savoie, Isère, Drôme, Ardèche, Vaucluse, Loire-Inférieure, Maine-et-Loire, Indre-et-Loire, Loir-et-Cher, Loiret, Vendée, Deux-Sèvres, Vienne, Indre ;

4° 5 % dans les trois départements grands producteurs de cidres, mais qui ne comprennent pas de forts bouilleurs de cru : Finistère, Côtes-du-Nord, Ille-et-Vilaine ;

5° 7 % dans la région comprenant les départements non bouilleurs : Nord, Pas-de-Calais, Aisne, Somme, Seine-Inférieure, Oise, Seine.

6° Près de 15 % dans le reste de la France, pays producteurs de vins ou de fruits, mais où les distillations des bouilleurs de cru n'atteignent qu'un chiffre minime au regard de l'ensemble de la consommation.

Les départements où la consommation alcoolique a été le plus élevée sont : Seine-Inférieure, 12 litres 85 d'alcool pur par habitant ; Calvados, 11 l. 50 ; Eure, 9 l. 84 ; Somme, 9 l. 48 ; Oise, 8 l. 29 ; Pas-de-Calais, 8 l. 01 ; Manche, 7 l. 81 ; Eure-et-Loir, 7 l. 62 ; Mayenne, 7 l. 19 ; Orne, 7 l. 14 ; Aisne, 6 l. 93 ; Seine-et-Oise, 5 l. 90 ; Finistère, 5 l. 85 ; Côtes-du-Nord, 5 l. 81 ; Ille-et-Vilaine, 5 l. 73 ; Sarthe, 5 l. 42 ; Ardennes, 5 l. 25 ; Seine-et-Marne, 5 l. 09 ; Marne, 5 l. 01 ; Seine, 4 l. 85 ; Nord, 4 l. 71 ; Bouches-du-Rhône, 4 l. 42 ; Haut-Rhin, 4 l. 27 ; Morbihan, 4 l. 17 ; Vosges, 4 l. 12.

Dans les autres départements, la consommation moyenne a été inférieure à 4 litres d'alcool pur par habitant.

Elle a été le plus faible dans les départements suivants : Corrèze, 0 l. 97 ; Gers et Landes, 0 l. 98 ; Vendée, 1 l. 08 ; Lot, 1. l. 17 ; Lozère et Ariège, 1 l. 26 ; Lot-et-Garonne, 1 l. 31 ; Dordogne et Vienne, 1 l. 32 ; Creuse, 1 l. 34 ; Hautes-Pyrénées, 1 l. 37 ; Aveyron, 1 l. 42 ; Charente, 1 l. 43 ; Tarn-et-Garonne, 1 l. 49 ; Charente-Inférieure, 1 l. 50.

D'une façon générale, la consommation est moins forte dans les campagnes que dans les villes et surtout que dans les petites villes, comme le montre le tableau suivant pour 1911 :

Catégories de communes.	Population	Hectol. d'alcool consommés	Consommation par habitant
—	—	—	—
Communes de 4.000 à 6.000 habitants	964.045	69.309	7,19
» de 6.001 à 10.000 »	1.143.784	84.289	7,37
» de 10.001 à 15.000 »	1.044.183	59.820	5,73
» de 15.001 à 20.000 »	771.265	48.475	6,28
» de 20.001 à 30.000 »	841.144	43.806	5,21
» de 30.001 à 50.000 »	1.147.704	69.593	6,06
» de 50.001 hab. et au-dessus.	6.225.267	306.827	4,93
TOTAL.....	12.137.482	682.119	5,62
Campagnes.................	26.823.603	891.899	3,33
TOTAL GÉNÉRAL.....	38.961.085	1.574.018	4,04

Les recettes des octrois en 1911 accusent, au chapitre des boissons, une plus-value de 5.771.938 fr. sur les alcools, de 2.219.937 fr. sur les bières, de 495.589 fr. sur les cidres, et une moins-value de 3.965.087 fr. sur les vins [1].

Le nombre des *débits de boissons* est passé de 477.899 en 1910 à 478.843 en 1911, soit une augmentation de 944. Néanmoins, ce chiffre est encore inférieur de 1.055 à celui de 1909 (479.898). Cette situation résulte de la récolte des vins qui, bien que supérieure à celle de 1910, est encore restée au-dessous de la moyenne. Les variations signalées portent surtout, en effet, sur les établissements où des propriétaires vendent les produits de leur cru [2].

L'alcool dans les autres pays.

Allemagne. — La production de l'alcool, qui était de 3.100.505 hectolitres en 1896-1897, est passée à 3.641.889 hectolitres en 1909-1910.

Des industriels allemands ont entrepris d'extraire l'alcool de la racine de chicorée. La racine de chicorée contient 4,86 % de matières azotées, 1,61 % de substances grasses, 12,45 % de sucre, 72,70 % d'inuline, 5 % de cellulose et 3 % de substances minérales. Cent kilogrammes de racines donnent 52 litres de jus qui produisent eux-mêmes, après fermentation, 8 litres 4 d'alcool.

Au début de 1912, une enquête, faite sur les empoisonnements qui

1. Les octrois en 1911. — *Bulletin de statistique et de législation comparée*, octobre 1912, p. 388-389.

2. Statistique des fabriques, entrepôts, magasins de vente en gros et magasins de vente au détail soumis, en 1911, aux exercices des agents des contributions indirectes. — *Bulletin de statistique et de législation comparée*, août 1912, p. 156.

avaient fait de nombreuses victimes à l'asile de nuit de la Frœbelstrasse et dans la population pauvre du quartier de Charlottenbourg, à Berlin, établit que les empoisonnés avaient bu un alcool frelaté extrait de la sciure de bois.

La consommation de l'alcool était, en 1896-1897, de 3.148.222 hectolitres, soit 5 litres 9 par habitant; elle est passée, en 1909-1910, à 3.665.887 hectolitres, soit 5 litres 7 par habitant [1].

Angleterre. — La consommation de l'alcool, qui était de 45.402.583 proof gallons [2] en 1900-1901, soit 1 gallon 10 par habitant, est tombée à 30.887.700 gallons en 1910-1911, soit 0 gallon 68 par habitant.

Belgique. — En 1890, la production des eaux-de-vie atteignait 566.284 hectolitres; elle s'est élevée, en 1909, à 697.037 hectolitres. La consommation s'est élevée de 563.917 hectolitres en 1890 à 639.444 hectolitres en 1909 [3]. Le nombre des débits de boissons est de 210.000, soit 1 pour 33 habitants.

Hongrie. — L'impôt sur l'alcool produit 200.000.000 de couronnes (la couronne vaut 1 fr. 05), alors que l'impôt foncier ne rapporte que 120.000.000 de couronnes.

Norvège. — La production de l'alcool est tombée de 8.364 hectolitres en 1904 à 2.088 hectolitres en 1909, mais la consommation s'est élevée, grâce à l'alcool importé, de 6.677 hectolitres à 6.874 aux mêmes dates [4].

Suisse. — Le monopole de l'alcool a donné, en 1900, 9.644.451 fr. de bénéfices (17.916.128 fr. de recettes et 8.271.677 fr. de dépenses). En 1888, le bénéfice était de 4.973.153 fr. (10.764.114 fr. de recettes et 5.790.961 fr. de dépenses). Le monopole avait été établi en 1887.

Les ravages de l'alcoolisme.

Il ne faut pas songer à reprendre ici une question déjà traitée dans les précédentes *Années sociales internationales*. Le lecteur trouvera dans nos statistiques antérieures, ainsi que dans le rapport de M. *Poulle* sur la proposition de loi de M. de Lamarzelle tendant à interdire la vente et la fabrication de l'absinthe [5], de nombreux renseignements fournis par des médecins, des statisticiens et des savants tels que les docteurs Brouardel, Landouzy, Bertillon, Robin, Marie, Chauffard, Legrain, Lancereaux, Jacquet, Magnan, Camus, Pouchet, MM. Armand Gautier, Dastre, Louis Pillet, Cuniasse, Langlé-Ferrière, Xavier Rocques. Nous nous bornerons à citer quelques chiffres récents.

1. *Statistik des deutschen Reichs*, 1911, 1re livraison.
2. Le proof gallon équivaut à 2 litres 61 d'alcool pur, d'après le Bulletin de statistique et de législation comparée, juin 1912, page 768.
3. *Bull. mens. de l'Office de renseignements agric.*, sept. 1911, p. 1123.
4. *Ibid.*, p. 1122.
5. *J. O.*, 16 nov. 1911, *Doc. parl.* Sénat, ann. nº 232, p. 926-937.

Tuberculose. — « L'alcoolisme fait le lit de la tuberculose », a dit le professeur Landouzy. « La tuberculose se prend sur le zinc », ajoute le professeur Hayen. « L'alcoolisme est le plus puissant propagateur de la tuberculose », continue le professeur Brouardel.

Dans son rapport à M. le ministre de l'Intérieur sur la dernière statistique sanitaire de la France [1], M. *Mirman*, directeur de l'assistance et de l'hygiène publiques en France, écrivait : « Les véritables ennemis publics sont la tuberculose et l'alcoolisme, ce dernier plus dangereux peut-être parce que son influence, moins apparente, s'exerce de diverses façons, parce qu'il n'agit pas, si je puis dire, pour son propre compte, mais développe prodigieusement la puissance nocive d'autres fléaux, et qu'ainsi son bilan de meurtre est dissimulé sous de multiples rubriques. Mais pour lutter contre l'alcoolisme, les services d'hygiène sont totalement désarmés...

« Il est un fait notoire, c'est que le développement de l'*alcoolisme* en France est un des facteurs les plus actifs de ce mal. Nous publions d'autre part chaque année, depuis 1906, la statistique spéciale de décès par tuberculose en France ; elle permet d'analyser dans tous ses détails, par âge et par localités, les modalités du fléau. Et il sera impossible, à qui l'étudiera, de n'être pas frappé de la *minutieuse concordance qui existe entre les départements où l'on meurt le plus de tuberculose et ceux où l'on boit le plus d'alcool.*

« Et ce n'est malheureusement pas seulement dans le domaine de la tuberculose que l'alcoolisme exerce sa désastreuse influence. Qui pourra dire par exemple le nombre de décès qui, directement ou par effet d'ascendance immédiate, sont dus à l'alcool, parmi les 27.320 morts violentes, les 7.395 décès causés par la cirrhose du foie, les 22.719 décès enregistrés sous la rubrique « débilité congénitale et vice de conformation » et ceux enregistrés sous les nombreuses rubriques des « autres causes » ? Et combien les généreux efforts poursuivis de tous côtés, tant par les services publics que par les œuvres privées, pour lutter contre la mortalité infantile, seraient plus efficaces si tant d'enfants, de parents alcooliques, ne venaient au monde en un tel état qu'ils sont des proies tout indiquées et sans défense pour le premier germe de mal qui les atteint. Sur les 88.033 enfants qui sont morts de 0 à 1 an en 1910, combien ont été emportés, qui sont des victimes certaines de l'alcoolisme paternel ! »

A la fin de septembre 1912, le *Conseil général des sociétés médicales d'arrondissement de Paris et de la Seine* s'associait à l'ordre du jour de la *Société médicale des hôpitaux* qui avait exprimé ses regrets du vote par lequel la Chambre des députés a renvoyé à la commission la proposition de loi relative à la limitation des débits de boissons ; elle mettait dans ses considérants que « la diminution de l'alcoolisme

1. *J. O.*, 20 sept. 1912, p. 8215.

serait un des moyens les plus efficaces pour combattre l'extension de la tuberculose ».

Alcoolisme et folie. — M. *Schmidt*, député des Vosges, a déposé au bureau de la Chambre, le 10 juillet 1912, un rapport sur la proposition de loi de M. de Lamarzelle concernant la fabrication et la vente de l'absinthe. Il estime que la proportion des aliénés peut être établie comme suit, par 10.000 habitants :

	Hommes	Femmes.
Région sobre	0,85	0,26
» à alcool	2,23	0,90
» à absinthe	2,24	1,22

D'autre part, les aliénés sont ainsi classés selon les boissons alcooliques qu'ils ont bues :

26 % des aliénés boivent habituellement de l'absinthe.

2,53 % des aliénés boivent habituellement d'autres apéritifs.

5,51 % des aliénés boivent habituellement des liqueurs sucrées.

53,20 % des aliénés boivent habituellement de l'alcool (eaux-de-vie, marcs).

2,53 % des aliénés boivent habituellement du cidre.

0,31 % des aliénés boivent habituellement de la bière.

22,57 des aliénés boivent habituellement du vin.

Prenant ensuite comme base de comparaison la bière, et admettant que la quantité d'alcool qu'elle contient a 1 chance de produire un aliéné, M. Schmidt obtient le tableau suivant :

Bière	1	chance de produire un aliéné.
Vin	4	»
Cidre	32	»
Alcool (eaux-de-vie, marcs)	77	»
Liqueurs sucrées	143	»
Amers, bitters	170	»
Absinthe	246	»

D'autre part, M. *Magnan*, médecin en chef de l'asile Sainte-Anne, et M. *Filassier*, membre de la Société de médecine, ont dressé des statistiques concernant les aliénés de Paris, d'après les dossiers de l'asile Sainte-Anne. On sait que depuis 1867 tous les aliénés de Paris et du département de la Seine, avant d'être admis dans les différents asiles, sont dirigés sur la clinique de Sainte-Anne, où ils subissent un examen préparatoire et où un dossier est établi pour chacun. Voici les chiffres :

En 1868, on comptait sur le total des entrées 14 % d'aliénés alcooliques hommes et 1,85 % d'aliénées alcooliques femmes. On compte en 1886 22 % d'hommes et 5,88 % de femmes.

A partir de 1887, on fait entrer dans la statistique non seulement les alcoolisés simples, c'est-à-dire ceux qui doivent leur délire uniquement aux excès de boissons, mais encore les psychopathes descendant pour la plupart d'alcooliques, et chez lesquels l'alcool n'a été que le coup de fouet qui a mis à découvert leurs conceptions délirantes. On arrive alors à des chiffres vraiment effrayants : en 1888, on note 35 % d'hommes et 12 % de femmes ; en 1898, les chiffres sont de 41 % d'hommes et 16 % de femmes ; en 1910, de 47 % d'hommes et 20 % de femmes.

« Il suffit, concluent MM. Magnan et Filassier, de porter les regards sur le grand groupe des dégénérescences mentales — triste descendance des alcoolisés — pour s'assurer que l'alcoolisme fournit aux quartiers d'hommes des asiles de la Seine les ¾ de leur population. »

Alcoolisme et criminalité. — M. Schmidt dans le rapport déjà cité fait remarquer que si le nombre des crimes déférés aux cours d'assises a diminué, la cause en est que nombre d'attentats contre les personnes ont été correctionnalisés. Il n'en reste pas moins que le nombre des meurtres s'est élevé, pour 100.000 habitants, de 0,47 pendant la période 1874-1884, à 0,56 pendant la période 1894-1904. En classant les crimes suivant le degré d'alcoolisme des régions où ils ont été commis, on obtient le tableau suivant :

		Région sobre	Région à alcool	Région à absinthe
Meurtres	1874-1884	0,24	0,44	0,89
»	1884-1894	0,22	0,53	1,03
»	1894-1904	0,30	0.52	1,20
Coups mortels...	1874-1884	0,26	0,28	0,38
» ...	1884-1894	0,25	0,35	0,49
» ...	1894-1904	0,18	0,41	0,51

Mortalité des débitants de boissons. — M. le Dr *Louis Jacquet* a établi que la mortalité est de 36,1 pour 1.000 chez les hommes de 30 à 49 ans, et de 46,9 chez les débitants de boissons. En Suisse, la mortalité est de 25,8 pour 1.000 chez les hommes de 30 à 49 ans, et de 42,59 chez les cabaretiers.

En Angleterre, chez les hommes de 25 à 65 ans, on compte 1.000 décès par 64.000 habitants pendant la période 1880-1882 ; 1.000 par 61.000 habitants pendant la période 1890-1892 ; 1.000 par 71.000 habitants pendant la période 1900-1902. Le même nombre de débitants de boissons pendant les mêmes périodes aurait donné 1.521, 1.642 et 1.669 décès.

La lutte contre l'alcoolisme.

Initiatives privées.

Contre le fléau redoutable de l'alcoolisme, jamais trop d'efforts ne sauraient être tentés. Ici, comme en tout le reste, le salut ne doit pas être attendu de l'Etat uniquement, et l'initiative privée a son rôle à jouer. C'est heureusement ce qui est de plus en plus compris, par les catholiques en particulier qui s'intéressent de plus en plus à la formation de groupements, de *Ligues* antialcooliques. On comprend du reste la puissance de l'idée morale et religieuse contre la tyrannie de l'alcoolisme.

Ligues et sociétés. — *La Ligue nationale contre l'alcoolisme*, née de la fusion de la *Société française de tempérance* et de *l'Union française antialcoolique*, est reconnue d'utilité publique. Son siège social est à Paris, 147, Boulevard Saint-Germain. Elle édite un bulletin mensuel : *l'Etoile Bleue*, et un Almanach qui tire à 150.000 exemplaires. La Ligue est un groupement neutre au point de vue politique et religieux.

En même temps que *l'Union française antialcoolique*, on avait fondé, vers 1896, des sections scolaires de jeunes tempérants, dites « sections cadettes ». On comptait, en 1906, 1.160 sections cadettes comprenant 37.830 enfants ; en 1908, 1.305 sections et 53.051 enfants ; en 1910, 1.731 sections et 66.490 enfants, abstinents partiels. Les sections scolaires de tempérance comptent 52.000 enfants, abstinents totaux, en Allemagne ; 34.500 en Suisse ; près d'un million en Suède et plus de trois millions en Angleterre.

La Croix Blanche est une société catholique, affiliée à la *Ligue nationale*, et qui a fondé des sections régionales. *L'Union régionale normande*, l'une des sections les plus florissantes, a tenu son 2e Congrès à Vire, les 17 et 18 juillet 1912, sous la présidence de *Mgr Lemonnier*, évêque de Bayeux, et sous la direction de MM. les chanoines *Beaupin* et *Alleaume*. On y étudia la question de l'éducation antialcoolique par l'école et les sections cadettes et celle de la lutte antialcoolique par la limitation des débits de boissons et les sections d'adultes. La *Croix Blanche*, dont le siège est à Paris, 11 *bis*, rue de Thann, publie un bulletin mensuel, *le Péril antialcoolique*. (2 fr. par an).

Une nouvelle publication a été lancée au début de 1913 : « *La Croix d'Or* », organe mensuel des abstinents totaux de la « Croix Blanche [1] ».

1. Secrétariat : abbé R. Pasdeloup, Argenton-sur-Creuse (Indre); Rédaction : abbé L. Blanc, 15, boulevard Gambetta, Cahors (Lot).

La Croix Bleue, société protestante, a son siège à Paris, 32, rue des Saints-Pères.

En **Belgique**, une Fédération nationale comprenant plus de 50.000 membres a été formée par les sociétés antialcooliques catholiques : *Sociétés de Saint-Jean*, *Société belge de tempérance* de Bruxelles, *Bien-Etre social* de Liège, *Ligue de la Croix* de Tournai, *Unions de tempérance de la province d'Anvers*, *Sociétés de tempérance de la Basse-Sambre*, *Régénératrice* de Namur, *Société gantoise de tempérance*.

La *Croix bleue* et l'*Etoile bleue* sont des sociétés protestantes, et l'*Union nationale des sociétés de tempérance pour la jeunesse* est neutre.

Il existe aussi une *Ligue patriotique contre l'alcoolisme*.

La société *Abstinentia* se propose d'enrôler le clergé dans une croisade contre l'alcoolisme.

En **Hollande**, d'après le rapport de la « *Sobrietas* », Fédération centrale de toutes les associations antialcooliques, le nombre des *Associations de la Croix* (Kruisverbonden) fédérées, en 1911, était de 364 avec 34.764 membres au lieu de 32.670 en 1910. Le nombre des *Associations de Marie* (Maria-vereenigingen) était de 249 avec 37.068 membres au lieu de 31.539 en 1910. *Les Associations de Sainte-Anne* (S.-Anna vereenigingen) comprenaient 58.154 enfants au lieu de 52.651 en 1910 ; les associations de jeunes gens, 4.328 membres au lieu de 4.251 en 1910 ; et les associations de jeunes filles 4.811, au lieu de 4.204 en 1910.

En **Suisse**, la *Ligue de la Croix* dont le bulletin se publie à Bulle (Fribourg) a des adhérents un peu de tous côtés. Comité : Abbé Rossé, Rocourt, Jura ; Chanoine Jules Gross, Martigny, Valais.

En **Italie**, sur l'initiative de l'*Union Populaire* un congrès s'est tenu à Milan le 15 avril 1912 ; on y décida l'organisation d'une fédération antialcoolique des catholiques italiens membres de l'*Union Populaire*. Des comités se sont déjà fondés à Turin, Milan, Venise, Florence, Rome.

Institutions antialcooliques. — *L'Année sociale internationale* de 1912 a parlé des *Abris du marin* créés sur divers points de nos côtes par un groupe d'amis des marins bretons. Ces abris, véritables cercles de pêcheurs, consignent leurs portes à toute boisson alcoolique et ne distribuent que des infusions de feuilles d'eucalyptus. Le président de l'œuvre est M. J. de Thézac, à Bénodet (Finistère).

A Paris, le *dispensaire antialcoolique d'hygiène* établi 60, rue Greneta, fait donner des consultations gratuites aux victimes de l'alcool, tous les vendredis de 5 à 7 heures du soir.

Action législative et municipale.

Il ne faut pas se le dissimuler, pour utiles et bienfaisantes que soient ces initiatives, elles ne sauraient être tenues pour suffisantes. Le législateur doit intervenir et mettre la cognée à la racine de l'arbre. Malheureusement les coups portés avec trop de nonchalance n'ont jusqu'ici entamé que l'écorce, et la végétation alcoolique s'épanouit abondante et luxuriante autant que jamais. M. Joseph Reinach, président du groupe antialcoolique de la Chambre, en faisait la remarque dans une conférence sur « l'alcoolisme, péril national », prononcée, le 22 octobre 1912, à la Faculté des sciences de Marseille. « Tout ce que l'initiative privée, disait-il, tout ce que la propagande des ligues antialcooliques ont pu faire pour ralentir un peu la marche du fléau, elles l'ont fait. Le désastre qui menace la race ne peut plus être arrêté que par les pouvoirs publics ; mais que font les pouvoirs publics ? Ils n'osent pas toucher au privilège des bouilleurs de cru. Le Sénat n'a pas osé suivre résolument l'exemple du Conseil fédéral suisse, interdire la fabrication et la vente de l'absinthe, alors que sa consommation dans les trente dernières années a passé de 45.000 à 205.000 hectolitres. La Chambre, dans une séance tristement mémorable, a renvoyé à la commission d'hygiène la loi, pourtant si modérée, sur la limitation des débits qui avait été votée par le Sénat. »

Aussi espérons-nous que les Chambres reprendront à pied d'œuvre leur travail législatif sur l'interdiction de la thuyone dans la fabrication de l'absinthe et sur la limitation des débits de boissons, puis, à l'exemple de certaines municipalités, n'hésiteront pas à frapper des plus lourdes taxes les alcools sous toutes leurs formes.

Augmentation des droits sur l'alcool, dégrèvement des boissons hygiéniques. — Une étude très intéressante de M. le docteur *Jacques Bertillon* sur la diminution de la consommation d'eau-de-vie dans les grandes villes françaises [1] montre l'influence des taxes sur la consommation de l'alcool.

M. Bertillon a calculé la quantité d'alcool, de vin, de bière, de cidre bue par habitant dans 33 villes dont la population dépasse 40.000 habitants, et il a constaté que les lois de 1897 et de 1900, qui ont augmenté l'impôt d'Etat et les droits d'octroi sur l'alcool et abaissé les

1. Diminution récente de la consommation d'eau-de-vie dans les villes françaises, par le Dr Jacques Bertillon, chef des Travaux Statistiques de la ville de Paris. *L'Etoile Bleue*, mars et avril 1912.

taxes d'octroi sur le vin et la bière, ont assuré en partie la déroute de l'alcool et le triomphe du vin.

Dans 17 des villes étudiées la boisson populaire est le vin. Avant 1900, on y buvait communément de 4 à 5 litres d'alcool pur par habitant et par an. L'impôt municipal ayant été élevé de 40 fr. et même de 50 fr. par endroits, la consommation baissa aussitôt de 2 litres 5 en moyenne.

Dans 6 villes de la région parisienne, fortes buveuses d'alcool avant 1900, l'impôt municipal a augmenté et la consommation d'alcool a baissé. A Paris, l'impôt municipal a été porté de 80 à 160 fr., la consommation est tombée de 7 litres 18 à 4 litres 75, et celle du vin a sensiblement augmenté, elle s'est élevée de 191 litres à 237 par habitant et par an. D'où vient que l'alcool ait été ainsi battu par le vin ? « Cela m'a été expliqué, écrit M. Bertillon, par quelques marchands de vin de Paris que j'ai interrogés. L'énorme impôt sur l'alcool et le dégrèvement complet des vins à Paris font que le débitant gagne sur l'eau-de-vie bien moins que sur le vin. Il a donc intérêt à vendre du vin. »

Les 4 villes où la boisson populaire est la bière boivent à peu près autant d'alcool que précédemment.

Les 6 villes où la boisson populaire est le cidre sont restées d'effroyables consommatrices d'alcool.

Il semble donc, d'après l'étude de M. Bertillon, qu'il faille dégrever le vin et surtaxer l'alcool. *M. Binder* et quelques-uns de ses collègues ont tenté quelque chose dans ce sens en déposant, le 23 mai 1912, une proposition de loi destinée à étendre le bénéfice de l'acquit blanc aux liqueurs, vins de liqueurs et apéritifs préparés exclusivement avec de l'alcool de vin, de marc ou de fruits [1].

Un décret du 16 décembre 1911 a porté le droit de consommation sur les alcools fabriqués ou introduits en *Algérie* de 137 fr. à 167 par hectolitre d'alcool pur, indépendamment de la surtaxe de 1 fr. par hectolitre prévue par le décret du 2 décembre 1909 [2].

Un décret du 2 août 1912 a élevé le droit sur l'alcool dans l'*Afrique occidentale française* de 200 à 215 fr. pour les alcools d'origine française, et à 255 pour les alcools d'origine étrangère.

Un autre décret du 14 août 1912 supprime pratiquement à *Madagascar* la vente en demi-gros qui n'était qu'un prétexte permettant d'effectuer la vente au détail.

Le gouverneur de la colonie anglaise de la *Côte d'ivoire*, par un arrêté du 6 novembre 1912, interdit purement et simplement la vente de l'absinthe aux indigènes.

En *Indo-Chine* M. Sarraut, gouverneur général, avait songé à modifier le contrat qui assure aux grandes sociétés françaises le mono-

1. *J. O.*, 11 août 1912, *Doc. parl.* Chambre, annexe n° 1909, p. 1229.
2. *J. O.*, 21 décembre 1911, p. 10264.

pole de l'alcool au Tonkin et dans le nord de l'Annam, nous ne savons pas encore s'il a mis son idée en exécution.

Enfin un décret du 18 mars 1913 fixe à 1 franc 05 par hectolitre d'alcool pur à partir du 1er janvier 1914 la taxe de fabrication établie par les lois du 25 février 1901, du 30 mars 1912 et du 28 mars 1911 [1].

L'interdiction de la thuyone. — Le 8 mars 1908, le Sénat était saisi d'une proposition de loi de M. *de Lamarzelle,* tendant à interdire la fabrication et la vente de l'absinthe. Cette proposition fit l'objet de deux rapports de M. *Poulle,* déposés l'un le 18 mai 1911 [2], l'autre le 11 juillet 1911 [3] et concluant, au nom de la Commission spéciale chargée d'examiner la proposition, à l'interdiction de la fabrication et de la vente de tous apéritifs ou liqueurs alcooliques contenant de la thuyone qui est l'élément le plus nocif de l'absinthe. La commission n'osa pas, comme le proposait M. *de Lamarzelle* et comme l'ont fait la Suisse, la Belgique, la Hollande, la Finlande, la Nouvelle-Zélande, interdire purement et simplement la fabrication et la vente de l'absinthe. Elle allégua que l'interdiction absolue causerait un trop grave dommage aux industriels ou aux cultivateurs possesseurs d'herbages d'absinthe et que l'interdiction de l'élément le plus nocif de l'absinthe, la thuyone, ferait disparaître les dangers de l'absinthe sans donner lieu à aucun paiement d'indemnités. Le Sénat fut heureux de saisir ces prétextes et adopta la rédaction de la Commission.

Le texte adopté par le Sénat porte que la fabrication, le transport, la vente, ainsi que la détention pour la vente, l'importation de tous apéritifs ou liqueurs alcooliques autres que les préparations pharmaceutiques contenant de la thuyone sont interdits. La prohibition ne s'applique pas toutefois aux expéditions en transit direct sous surveillance douanière.

Toute infraction sera passible d'une amende de 100 à 2.000 fr. qui pourra être portée à 5.000 en cas de récidive. Dans tous les cas, les produits seront saisis et confisqués. L'article 463 du Code pénal (circonstances atténuantes) est applicable, sauf en cas de récidive.

La loi ne serait exécutoire que trois ans après sa promulgation, sauf en ce qui concerne la prohibition de l'importation et celle de la fabrication qui seront applicables, la première dès la promulgation de la loi, sous la réserve posée à l'article 1er, paragraphe 3, la seconde deux ans après cette promulgation.

Un décret, rendu sur l'avis du comité consultatif des arts et manufactures, déterminera la teneur globale maximum en essences de toutes sortes que peuvent renfermer les boissons alcooliques livrables à la

1. *J. O.*, 20 mars 1913, p. 2483.
2. *J. O.*, 30 juillet 1911, *Doc. parl.* Sénat, ann. n° 162, p. 534-550.
3. *J. O.*, 16 novembre 1911, *Doc. parl.* Sénat, ann. n° 232, p. 926-937.

consommation. Il fixera également la liste des plantes dont l'essence renferme de la thuyone [1].

M. *Schmidt*, député des Vosges, a déposé, le 10 juillet 1912, au bureau de la Chambre, son rapport sur la proposition de loi de Lamarzelle. Il a déposé aussi, le 7 février 1911, une proposition de loi tendant à interdire la fabrication et la vente de l'absinthe [2].

La limitation des débits de boissons. — La Chambre n'a d'ailleurs pas mieux travaillé que le Sénat, elle a même fait plus triste figure. Elle avait à se prononcer le 5 février 1912 sur la proposition de loi concernant la limitation des débits de boissons (478.843 débits en 1911), proposition déposée au Sénat par M. *Siegfried*, le 27 mars 1899, renvoyée à la Commission en novembre 1904, reprise par M. *Bérenger* le 3 février 1905, adoptée en première délibération le 5 décembre 1907 et en seconde délibération le 17 janvier 1911. Une proposition de loi, déposée le 4 juillet 1910 par M. *Joseph Reinach* et concernant la limitation et la réglementation des débits de boissons, devait aussi être discutée [3]. Ces deux propositions avaient fait l'objet de deux rapports favorables, déposés par M. *Jules Siegfried* le 15 juin 1911 [4] et le 5 décembre 1911 [5]. M. *Georges Berry* demanda et obtint, par 360 voix contre 156, le renvoi à la Commission en soutenant, contre MM. *Siegfried et Augagneur*, que la limitation des débits de boissons ne ferait pas reculer l'alcoolisme d'un pas [6]. Le débitant, grand électeur, avait une fois de plus remporté la victoire.

Rarement, un scrutin fut aussi confus : à droite et au centre comme à gauche, les députés votèrent sans ensemble, les uns pour le renvoi à la Commission, les autres pour la discussion immédiate. Dans la presse, ce fut un *tolle* général. « L'urne s'incline devant le broc », écrivait M. Eugène Fournière dans la *Dépêche de Toulouse*. Le plus ancien journal radical de Seine-et-Oise, le *Briard*, imprimait : « Le Parlement règne, mais le distillateur gouverne... Je demande qu'on enlève de tous les établissements publics le buste de Marianne et qu'on le remplace par un alambic. »

M. Guesde et quelques-uns de ses amis (MM. Compère-Morel, Delory, Lamendin, de La Porte, Ellen-Prevot, Dumas, Aldy, Ghesquière, Mistral, Hubert, Rougier, Betoulle, Briquet, Lecointe, Lauche, Lavaud, Rognon, Basly, Manus, Myrens, Nicolas, Dubled, Wilm) ne réussirent

1. *J. O.*, 8 juin 1912, Sénat, p. 928-934. — *J. O.*, 12 juin 1912, Sénat, p. 938-948.
2. *J. O.*, 7 mai 1911, *Doc. parl.* Chambre, ann. n° 752, p. 164-165.
3. *J. O.*, 30 novembre 1910, *Doc. parl.* Chambre, ann. n° 246, p. 1000-1020.
4. *J. O.*, 27 août 1911, *Doc. parl.* Chambre, ann. n° 1034, p. 539-542.
5. *J. O.*, 2 mai 1912, *Doc. parl.* Chambre, ann. n° 1423, p. 356-358.
6. *J. O.*, 6 février 1912, Chambre, p. 191-199.

guère à modifier l'opinion générale par leur déclaration au *Temps* [1] où ils proclamaient que « la limitation des débits n'entraîne nullement la limitation de la consommation de l'alcool » ; qu'il n'est pas « possible de justifier à quel titre l'alcool, considéré comme un poison, pourrait être vendu avec autorisation par les uns à l'exclusion des autres » ; et surtout que « l'ouverture d'un débit a été trop souvent, pour les travailleurs ayant fait leur devoir de syndiqués ou de socialistes, l'unique refuge contre les proscriptions socialistes ». Nous constatons avec plaisir que la *Revue socialiste*, le *Mouvement socialiste*, et la *Vie ouvrière* ont, sur l'alcoolisme, des idées plus exactes que M. Guesde et ses amis.

Le monde médical s'émut et protesta énergiquement. Le 24 février 1912, la *Société médicale des hôpitaux de Paris* adopta à l'unanimité, sur la proposition de MM. Vaquez, Chauffard, Laubry, Rist, P. Emile Weil, Jacquet, P. Lereboullet, G. Brouardel et A. Siredey, le vœu suivant :

« La société médicale des hôpitaux de Paris exprime le regret que la Chambre des députés, semblant se désintéresser du péril alcoolique, de plus en plus menaçant, ait prononcé le renvoi à la Commission des propositions relatives à la limitation des débits de boissons. »

Le 15 mars 1912, la *Ligue nationale contre l'alcoolisme* organisa, dans la salle Wagram, un grand meeting de protestation où, sous la présidence de M. le sénateur Debove, entouré d'un grand nombre de notabilités parmi lesquelles M. le général de Lacroix, ancien généralissime, et Mesureur, directeur de l'assistance publique, Mmes Salvator et Séverine, MM. Barbey, le docteur Jacquet, Quillet, Marc Sangnier et Joseph Reinach flétrirent le vote de la Chambre.

Dans la préface d'un livre récent de M. Louis Jacquet [2], M. Clémenceau écrivait :

« Est-il concevable que la puissance publique omnipotente se trouve désarmée contre l'ennemi le plus redoutable de la paix sociale, de la prospérité commune, de l'heureuse accession des moindres vers une vie supérieure ?...

« Pour ce qui est des sanctions civiles dont la plus notoire aboutit à conduire un ivrogne au poste de police, personne n'a jamais pu croire à leur utilité pratique, même avec l'appui des placards que l'hypocrisie du législateur affiche au mur du cabaret pour interdire l'ivresse publique qu'il favorise d'autre part scandaleusement par ses lois...

« Le suffrage universel se disqualifierait formellement s'il n'arrivait à

1. Numéro du 9 février 1912.
2. L'alcool : étude économique générale par M. Louis Jacquet, Paris, 1912.

se soustraire au joug d'un seul que pour tomber sous la domination d'une ligue d'intérêts privés en guerre ouverte avec l'intérêt public.

« Toutes les bonnes volontés, sans distinction de parti, doivent se rencontrer dans un commun effort pour le relèvement de la patrie menacée sur tant de points à la fois. »

Nous aimons à croire que ces diverses manifestations inspireront plus de sagesse à la Chambre quand les propositions Siegfried-Bérenger et Reinach reviendront en discussion devant elle ou, plus prochainement peut-être, quand sera discutée la proposition Schmidt sur l'interdiction de l'absinthe.

La Chambre a déjà corrigé partiellement son erreur : le 11 mars 1913, M. Joseph Reinach a demandé l'insertion dans la loi de finances d'un article additionnel ainsi conçu : « Le Préfet, le Conseil général entendu, aura le droit dans son département de limiter le nombre des débits de boissons. » Au nom du Gouvernement, M. Paul Morel et, au nom de la Commission du budget, M. Henry Chéron, demandèrent à la Chambre de voter ce texte. La proposition fut adoptée, malgré l'opposition de M. Georges Berry.

Le 11 juillet 1912, M. *Siegfried* a déposé un rapport supplémentaire sur : 1° la proposition de loi, adoptée par le Sénat, concernant la limitation des débits d'alcool et de liqueurs alcooliques à consommer sur place et la réglementation des débits de boissons de toute nature; 2° la proposition de loi de M. Joseph Reinach sur la limitation du nombre et sur la réglementation des débits de boissons [1].

Le 13 février 1913, M. J. *Reinach* a déposé une proposition de loi tendant à supprimer le privilège des bouilleurs de cru [2].

Plusieurs municipalités n'ont pas, du reste, attendu le bon vouloir de la Chambre pour limiter le nombre des débits de boissons. La loi du 17 juillet 1880 reconnaît aux maires le droit de déterminer les distances auxquelles les cafés et débits de boissons ne pourront être établis autour des édifices consacrés à un culte quelconque, des hospices, des écoles primaires, collèges ou autres établissements d'instruction publique. Si beaucoup n'usent pas de ce droit, certains s'en sont servis et toujours avec succès. A *Lyon*, la distance fixée est de 300 mètres; à *Rennes* de 150; à *Puteaux*, 350; à *Orléans*, 200. Le maire d'*Angers* rappelait, en septembre 1912, à ses administrés les pénalités prévues par la loi du 23 janvier 1873 pour punir l'ivresse ou le fait de donner ou de laisser donner à boire, dans les cafés, débits et cabarets, à des gens manifestement ivres, ou même de les recevoir simplement. A *Firminy*, le maire, M. Lafont, a pris un arrêté qui rend passibles de con-

1. *J. O.*, 19 février 1913, *Doc. parl.* Chambre, ann. n° 2179, p. 293-296.
2. *J. O.*, 11 mars 1913, *Doc. parl.* Chambre, ann. n° 2527, p. 72-73.

travention les débitants qui mettent des rideaux opaques aux fenêtres de leurs établissements. Le 22 novembre 1912, le congrès de la *Fédération nationale du commerce en détail des boissons* protesta contre les « procédés de suspicion » du maire de Firminy.

Dans un article de la *Revue* du 15 mai 1912 [1], M. Augagneur constatait que, sous l'influence de l'arrêté réglementant le nombre des débits à Lyon, la diminution de ceux-ci a été considérable.

Lyon comptait en 1901	5.070 débits,	ou 1 pour 90	habitants.
» 1904	4.406 »	1 pour 104	»
» 1906	4.257 »	1 pour 111	»
» 1910	4.169 »	1 pour 115	»

En 1900, l'alcool consommé atteignait	23.772	hectolitres.
En 1905, »	15.261	»
En 1907, »	12.918	»
En 1909, »	13.0[illegible]	»
En 1910, »	14.320	»

La population lyonnaise qui était, en 1901, de 459.070 habitants est passée à 472.736 en 1906 et à 523.796 en 1910 ; la consommation par tête fut donc en 1900 : 5 lit. 08 ; en 1906 : 3 lit. 40 ; en 1910 : 2 lit. 731.

La législation antialcoolique dans les autres pays. — La fabrication et la vente de l'absinthe sont interdites, nous l'avons déjà dit, en *Belgique*, en *Hollande*, en *Suisse*, en *Finlande*, en *Nouvelle-Zélande.*

En ***Belgique,*** il est, en outre, défendu de tenir des débits de boissons dans les maisons ouvrières construites avec l'aide des Caisses d'épargne et de payer les salaires dans les débits de boissons. Les cabaretiers sont exclus de l'administration des Unions professionnelles reconnues.

En ***Danemark*** la loi du 10 mai 1912 a frappé d'une taxe pouvant atteindre 500 couronnes tous les débitants de spiritueux.

Dans le grand-duché de ***Luxembourg,*** la loi du 27 juillet 1912 limite le nombre des débits de boissons. Aucun débit ne peut être ouvert dans les secteurs où le nombre des débits atteint déjà la proportion d'un pour 150 habitants.

En ***Russie,*** la Douma votait, en février 1912, contre l'alcoolisme, une loi véritablement draconienne, qui frappe, non seulement l'eau-de-vie, cette « vodka » pernicieuse qui fait tant de victimes dans les villes et dans les campagnes, mais encore pour toute espèce de boissons, bière, vin ou liqueurs de marque.

Le paragraphe 13 dit en effet : « La vente des boissons, aussi bien dans les débits de l'État (on sait que l'État a le monopole de la vente

1. Contre l'alcoolisme en France. Faut-il limiter le nombre des débits de boissons ? par M. Augagneur.

de l'eau-de-vie) que dans les établissements privés de tous genres est interdite : 1° les samedis et la veille des jours fériés à partir de deux heures, à moins que les autorités locales ne fixent une heure plus matinale ; 2° pendant toute la journée, les dimanches, les jours de grandes fêtes religieuses, de fêtes locales ou paroissiales ; pendant les trois premiers jours de Pâques, les jours de fêtes de la famille impériale ; lors du tirage au sort. »

C'est là une interdiction qui s'étend sur près de 150 jours par an. Outre cela, l'article 13 prévoit encore les troubles, les grèves, les catastrophes, les réjouissances populaires. Ce seront tout autant de motifs pour les autorités locales d'interdire la vente des boissons.

La ***Suède***, la ***Norvège*** et la ***Finlande*** ont adopté le système dit de « *Gothembourg* », du nom de la ville suédoise qui le mit en pratique pour la première fois. L'ensemble du commerce des eaux-de-vie est confié à une Société (bolag) composée de personnes généreuses qui se chargent d'une telle entreprise, par bonne volonté et dévouement. La société a pour objet, dans l'intérêt exclusif de la moralité publique, de réglementer et de contrôler la vente des eaux-de-vie dans la ville et elle ne doit viser, ni à verser aux sociétaires un bénéfice supérieur à un intérêt maximum de cinq pour cent sur la part en argent comptant apporté par lesdits sociétaires, ni à fournir à la ville aucun avantage économique supérieur au bénéfice qui doit lui revenir légalement. La Société est tenue à payer, pour chaque licence (ou patente) de vente en détail ou de débit prise par elle une taxe annuelle de 450 couronnes (630 fr.) par 3.000 litres et, en outre, d'abandonner, sans remise, les droits qu'elle a perçus pour les licences accordées par elle à d'autres sociétés ou particuliers, sous certaines conditions prévues par la loi et, enfin, tout le bénéfice net du commerce dirigé par ladite Société. Les droits en question et le bénéfice net sont partagés, suivant certains principes déterminés, entre la ville, l'État et certaines institutions d'intérêt public.

Les règlements en vigueur exigent que les magasins de commerce soient situés dans une rue, place ou chemin ouverts et libres ; que les salles de débit soient bien éclairées et aérées, suffisamment spacieuses et entretenues avec soin. Le *commerce en détail* ne peut se faire que les jours de semaine, de huit heures du matin à sept heures du soir ; dans les débits, conformément à la loi, la vente en semaine ne peut commencer avant neuf heures du matin et doit être terminée à dix heures du soir. D'une façon générale, elle n'est permise le dimanche et les jours fériés qu'à l'heure des repas et pour les clients qui consomment de la nourriture.

La Suède comptait un débit pour 100 habitants, elle en compte aujourd'hui 1 pour 5.000 ; en Norvège, au lieu d'un débit pour 200 habitants, on en trouve 1 pour 9.000 ; en Finlande, il y avait 1 débit par 100 habitants en 1850, il y en a maintenant 1 par 9.000 habitants.

La consommation est passée : en Suède, de 28 l. 56 à 13 l. 10 en 1874, 6 l. 8 en 1892, 4 l. 8 en 1900, 3 l. 53 en 1905 ; en Norvège, de 16 l. à 4 l. 8 en 1874, 3 l. 3 en 1892, 2 l. 6 en 1900, 1 l. 33 en 1905 ; en Finlande, de 20 l. en 1850 à 2 l. en 1900.

Au ***Canada***, la vente des boissons alcooliques a été supprimée dans plus de 75 localités par vote populaire.

En ***Uruguay***, des dégrèvements d'impôts sont accordés aux débits qui ferment à neuf heures du soir.

Les limites de l'antialcoolisme.

La question a été souvent posée de savoir s'il faut s'abstenir totalement des boissons distillées et fermentées ou seulement en user modérément. Un discours du cardinal Mercier au Congrès de Malines, en 1909, nous semble terminer le débat.

« Si je pouvais me convaincre, disait-il, que l'universelle imposition de l'abstinence fût un moyen sûr, d'application immédiate, de supprimer l'alcoolisme, je m'y rallierais avec enthousiasme. Mais je sais, par ailleurs, que, dans les contingences humaines, le plus grand bien n'est souvent qu'un moindre mal. De bonne foi, avez-vous confiance d'amener la grande masse de nos ouvriers mineurs, métallurgistes, verriers, maçons, ardoisiers, cultivateurs et autres, à ne boire que de l'eau, du lait ou du thé ? » Et un peu plus loin il ajoutait : « L'obligation de la tempérance n'entraîne pas, croyons-nous, comme inéluctable conséquence l'abstention complète. »

A ceux qui objecteraient que l'alcool, même à dose légère, est encore un poison, il répond : « Des expériences célèbres de Kraepelin, de Munich, il résulte que l'action prolongée de l'alcool sur le cerveau est déprimante ; mais le savant psychologue reconnaît que le premier effet d'une dose légère d'alcool est une stimulation, une augmentation de force musculaire évaluable et évaluée au dynamomètre. A l'affirmation générale que l'alcool n'est qu'un poison, qu'il n'est pas un « aliment », c'est-à-dire qu'il traverse l'organisme sans y laisser aucun effet utile en échange des effets nocifs qu'il y produit, il y a une réserve à apporter. Deux médecins américains, MM. Atwater et Benedict, ont expérimentalement démontré que l'alcool, pris en faible quantité, produit le même nombre de calories utiles que l'eût fait une quantité équivalente de sucre et d'amidon. Assurément ces résultats n'autorisent pas M. Duclaux à écrire que « l'alcool est un aliment au même titre que les aliments variés qu'il remplace » ; mais ils n'étayent pas la thèse absolue, soutenue par les abstinents les plus décidés, que l'alcool ne produit dans l'organisme que des effets nocifs. »

Bibliographie.

DOCUMENTS OFFICIELS. — Décret augmentant les droits sur l'alcool en Algérie. — *J. O.*, 21 décembre 1911, p. 10264.

Décret du 18 mars 1913 fixant à 1 fr. 05 par hectolitre d'alcool pur à partir du 1er janvier 1914 la taxe de fabrication établie par les lois du 25 février 1901, du 30 mars 1912 et du 28 mars 1911. — *J. O.*, 20 mars 1913.

Discussion de la proposition de loi de M. de Lamarzelle, tendant à interdire la fabrication et la vente de l'absinthe. — *J. O.*, 8 juin 1912, Sénat, pages 928-934; 12 juin 1912, Sénat, pages 938-948. -- **Exposé des motifs :** — *J. O.*, 16 novembre 1911, *Doc. parl.* Sénat, annexe n° 232, pages 926-937. — **Rapport Poulle :** *J. O.*, 30 juillet 1911, *Doc. parl.* Sénat, annexe n° 162, pages 534-550, et 16 novembre 1911, *Doc. parl.* Sénat, annexe n° 232, pages 926-937.

Discussion des propositions de loi Siegfried-Bérenger et Reinach, relatives à la limitation et la réglementation des débits de boissons. — *J. O.*, 6 février 1912, Chambre, pages 191-199. — **Rapport Siegfried :** *J. O.*, 27 août 1911, *Doc. parl.* Chambre, n° 1034, pages 539-542, et 2 mai 1912, *Doc. parl.* Chambre, annexe n° 1423, pages 356-358, et 19 février 1913, *Doc. parl.* Chambre, annexe n° 2179, pages 293-296.

Proposition de loi Schmidt, tendant à interdire la fabrication et la vente de l'absinthe. — *J. O.*, 7 mai 1911, *Doc. parl.* Chambre, annexe n° 752, pages 164-165.

Proposition de loi Binder, destinée à étendre le bénéfice de l'acquit blanc aux liqueurs, vins de liqueurs et apéritifs préparés exclusivement avec de l'alcool de vin, de marc ou de fruits. — *J. O.*, 11 août 1912, *Doc. parl.* Chambre, annexe n° 1909, p. 1229.

Proposition de loi J. Reinach, tendant à supprimer le privilège des bouilleurs de cru. — *J. O.*, 11 mars 1913, *Doc. parl.* Chambre, annexe n° 2527, pages 72-73.

Rapport de M. Mirman, directeur de l'Assistance et de l'hygiène publiques en France, à M. le ministre de l'Intérieur, sur la dernière statistique sanitaire de la France (alcoolisme). — *J. O.*, 20 sept. 1912, pages 8212-8215.

Consommation de l'alcool en Angleterre. — *Bull. de statistique et de législation comparée* (publication du ministère des Finances), juin 1912, p. 754.

Monopole de l'alcool en Suisse. — *Bulletin de statistique et de législation comparée*, septembre 1911, p. 381.

Le monopole de l'alcool a produit, en Suisse, pour l'exercice 1910, 17.916.128 fr. de recettes ; les dépenses ayant été de 8.271.677 fr., l'excédent net s'élève à 9.644.451 fr.

Le nouveau régime des alcools en Allemagne. — *Bulletin de statistique et de législation comparée*, juin 1912, p. 751.

Les octrois en 1911. — *Bulletin de statistique et de lég.* Oct. 1912, p. 387.

Production de l'alcool en Allemagne, Norvège, Belgique. — *Bulletin des renseignements agricoles*, p. 1118 et suiv. (publication du ministère de l'Agriculture), septembre 1911.

Production de l'alcool en 1910 et 1911. — *Bulletin de statistique et de législation comparée*, juillet 1912, pages 22-60.

La récolte des vins en 1911. — *Bull. des renseign. agric.*, fév. 1912, p. 258.

LIVRES ET BROCHURES. — L'Alcool : étude économique générale. Ses rapports avec l'agriculture, le commerce, la législation, l'impôt, l'hygiène individuelle et sociale, par *M. Louis Jacquet,* ingénieur des arts et manufactures. Préface de *M. G. Clémenceau.* Paris, 1912.

Contre l'alcoolisme, par *Joseph Reinach.* 1 vol. in-12, Paris, Fasquelle, 1912.

Guerre à l'alcool par l'impôt, par le *Dr J. Bertillon.* 1 fasc. de 48 pages en vente à Ligue nationale contre l'alcoolisme, 147, boulevard Saint-Germain, Paris. Etude statistique de l'effet des lois fiscales de 1897 et 1900 sur la consommation comparée de l'eau-de-vie et du vin.

Marchands de folie, par *Léon* et *Maurice Bonneff.* 1 vol. in-12, Paris, Marcel Rivière et Cie, 1912.

Manuel d'Action Religieuse. — *Action Populaire,* Reims, 1913. — **La Lutte contre l'alcoolisme,** pages 660-664.

REVUES. — L'Alcool en France pendant l'année 1911. — *Le Monde économique,* 14 septembre 1912.

L'Alcool et le corps médical. — *Les Conférences,* 23 mai 1912, p. 654.

L'Alcool et les nécessités budgétaires. — *La Revue de Paris,* 1er av. 1912.

En 1911, la France a tiré 397 millions des droits divers sur la consommation de l'alcool ; l'Angleterre 539 millions. En Russie le monopole de l'alcool rapporte 1.880 millions; net : 1.359 millions. M. Savary estime que le monopole de l'alcool rapporterait à la France plus de 600 millions, mais que ce monopole qu'une « dictature peut seule imposer à coups de décret et à la faveur de crises nationales » ne peut être établi actuellement.

L'Alcool et ses ravages. — *Revue de la prévoyance,* mars 1912, p. 248.

Alcoolisme. — *Bulletin de statistique générale de la France,* octobre 1911, p. 4 ; avril 1912, p. 254 ; octobre 1912, p. 32.

L'Alcoolisme dans le monde des ouvriers. — *La Réforme économique,* 19 juillet 1912, p. 910.

L'Alcoolisme et le parti socialiste, par *Maurange.* — *La Revue socialiste,* 15 avril 1912, p. 352 ; 15 mars 1912, p. 217 ; 15 juin 1912, p. 522.

L'Alcoolisme, péril national. — *La Revue hebdomadaire,* 18 mai 1912.

L'Alcoolisme, ses causes et ses remèdes, par *Paul Galtier.* — *Revue bleue,* 27 juillet 1912, pages 122-126.

L'antialcoolisme. Principes directeurs, par le cardinal *Mercier.* — *La Femme belge,* pages 190 et 186. Volume de la bibliothèque de la *Revue sociale catholique.* Louvain, 1912.

Le cabaret et l'alcool. — *Etudes professionnelles,* mai 1912, p. 236.

Les catholiques et la lutte antialcoolique, par M. le chanoine *Beaupin.* — Paris, Bloud. *Revue de l'Action Populaire,* 10 janvier 1912.

Congrès des boissons, par *E. Tercinet.* — *Mouv. social,* 15 janv. 1912, p. 71.

La consommation de l'alcool. — *L'Etoile bleue,* avril 1912, p. 55 ; mars 1912, p. 36.

La consommation de l'alcool taxé en 1911, par *J. Baudrillard.* — *L'Etoile bleue,* novembre 1912 ; — *L'Economiste français,* 14 septembre 1912.

Contre l'absinthe et l'alcoolisme. — *Revue pratique d'apologétique,* 15 juillet 1912, p. 615.

Contre l'alcoolisme en France. Faut-il limiter le nombre des débits de boissons ? par *M. V. Augagneur.* — *La Revue,* 15 mai 1912.

Diminution récente de la consommation d'eau-de-vie dans les villes françaises, par le *Dr Jacques Bertillon*, — *L'Etoile bleue*, mars et avril 1912.

Dispensaire antialcoolique d'hygiène. — *Revue de l'Action Populaire*, 10 février 1912, p. 135.

Enquête sur l'alcoolisme et la classe ouvrière. — *Le Mouvement socialiste*, avril 1912, p. 283 et suiv. ; juillet, août 1912, p. 117 et suiv. ; sept.-octobre 1911, p. 202 et suiv. ; décembre 1912, p. 357 et suiv. ; janvier-février 1913.

Les femmes et l'alcoolisme, par *Brada*. — *La Revue*, 15 janvier 1913.

Ligues de jeunes tempérants en France et à l'étranger. — *Réforme sociale*, 1er novembre 1911, p. 513.

Un nouveau confrère : « *La Croix d'Or* » organe des abstinents totaux de la « *Croix Blanche* ». — *L'Etoile Bleue*, juin 1913.

Le privilège des bouilleurs de cru, par M. *Et. Boussac*. — *La Réforme économique*, 28 février 1913.

Publications françaises contre l'alcoolisme. — *Revue du Clergé français*, 1er juillet 1912, p. 94.

Les socialistes contre l'alcoolisme. — *Réf. économ.*, 7 juin 1912, p. 724.

La suppression du privilège des bouilleurs de cru, *l'Etoile Bleue*, avril 1913.

L'opium.

Les mesures répressives ou fiscales prises dans divers pays contre le commerce de l'opium commencent à donner quelques résultats.

C'est ainsi qu'en ***Indo-Chine***, depuis l'arrêté du 16 juin 1910, les bénéfices d'exploitation de la régie de l'opium ont diminué de façon très sensible. Le rapport annuel sur la situation générale de l'Indo-Chine pendant l'année 1911 [1] montre que les prévisions budgétaires sont loin d'être réalisées. Pendant le premier semestre de 1911, les ventes se sont élevées à 4.165.987 piastres, les prévisions budgétaires étaient de 4.480.000 piastres. Par rapport aux ventes du premier semestre de 1910 : 4.354.792 piastres, c'est une moins-value de 188.805 piastres. Durant le premier semestre de 1910, l'opium a été vendu aux débitants à raison de 80 à 110 piastres et a donné 3.199.772 piastres de bénéfices ; dès le second semestre de 1910, les ventes se sont faites à raison de 140 fr. le kilogramme et n'ont donné que 2.415.987 piastres de bénéfices.

En ***Chine***, depuis le décret de 1906 interdisant la culture du pavot sur tout le territoire chinois, le commerce de l'opium a considérablement diminué.

De même aux ***Etats-Unis*** l'importation de l'opium tend à diminuer.

Mais il ne faut pas juger de l'ensemble d'après quelques parties ; certains pays se livrent encore dans de grandes proportions au commerce de l'opium.

1. *J. O.*, annexe, 14 mars 1912, p. 241.

En *Turquie*, ce commerce représente de 5 à 6 % du chiffre total des exportations de l'empire ottoman, au dire du docteur Millant [1]. La Turquie exporte de 6 à 900.000 kilogrammes d'opium de deux qualités : l'opium fin, *soft* ou *soft shipping*, utilisé par les fumeurs et pour l'extraction de la morphine, et l'opium droguiste. La Chine recommence à donner une grande extension à la culture du pavot, et les milieux jeunes chinois doivent réagir et remettre en vigueur les décrets impériaux.

Il est à remarquer qu'en Turquie, bien que le commerce de l'opium soit absolument libre, la consommation est relativement minime et le fumeur d'opium une exception. C'est un autre stupéfiant, le *haschich* qui est en faveur chez les Turcs. Extrait du chanvre indien, le haschich se présente sous forme d'une résine qui brûle en répandant une odeur menthée caractéristique. En Egypte, dans les bas quartiers du Caire et d'Alexandrie, les fumeries abondent et peuplent les asiles d'aliénés dans la proportion de 30 %. Le fumeur de haschich est un déchet dans la société plus encore que le fumeur d'opium.

Des écrivains — M. Claude Farrère se rangeait dernièrement à leur avis — se sont attachés à créer la légende que l'ivresse produite par l'opium surhumanise l'individu et que certains esprits supérieurs, comme Coleridge, Poë, Baudelaire, Gérard de Nerval, Barbey d'Aurevilly y ont puisé l'idée plus ou moins claire de leurs œuvres. Les médecins se sont élevés contre cette affirmation et, au début de 1912, le docteur Dupouy, dans un volume sur les « opiomanes [2] », établissait que les œuvres littéraires nées dans les excitations de l'opium se sont payées cher dans la suite et que l'opium avait en réalité tué le talent de leurs auteurs. « L'opium, dit-il, n'est qu'un poison plus subtil et plus attirant peut-être que les autres, mais aussi plus trompeur et conduisant à la décadence physique et morale à travers les pires souffrances. »

Contre l'opium, la morphine et la cocaïne.

Une première conférence internationale de l'opium s'est tenue à Shanghaï, en 1908, sur l'initiative des Etats-Unis et avait pour but d'aider la Chine à enrayer le fléau dont elle est la première victime.

Une seconde conférence, convoquée elle aussi par les Etats-Unis, s'est occupée des mesures à prendre pour limiter l'usage de l'opium et combattre le commerce clandestin. A la demande de l'Angleterre, la conférence s'est occupée également de la lutte contre la morphine, la cocaïne et les autres produits similaires dont l'usage devient fréquent dans les pays ou l'opium est interdit. La troisième conférence, tenue à la Haye,

1. *J. O.*, 1er juillet 1912, p. 5800 (Séance du 21 juin de la Société de Géographie).

2. *Les opiomanes*, par le Dr Roger Dupouy, avec préface du professeur Régis, Paris, Alcan, 1912.

a terminé ses travaux le 24 janvier 1912. Douze puissances y étaient représentées : l'Allemagne, l'Angleterre, la Chine, les Etats-Unis, la France, l'Italie, le Japon, les Pays-Bas, la Perse, le Portugal, la Russie et le Siam.

Cette troisième conférence a décidé la suppression progressive de l'opium, de la morphine, de la cocaïne, ainsi que des drogues préparées ou dérivées de ces substances. Elle stipule que les puissances contractantes empêcheront l'exportation de l'opium brut vers les pays qui en auront prohibé l'entrée et contrôleront son exportation vers les pays qui en limitent l'importation.

Quant à l'opium préparé, c'est-à-dire propre à la consommation, la conférence, tout en recommandant la suppression graduelle de sa fabrication et de son exportation, reconnait que chacun des pays intéressés doit être libre d'entreprendre cette suppression.

Les puissances contractantes se proposent de limiter et de surveiller la fabrication, l'exportation, la vente et la distribution de la morphine, de la cocaïne et de leurs sels respectifs.

A Paris, à la suite de morts dues à la cocaïne, le procureur de la République, M. Lescouvé. adressait, le 4 janvier 1913, aux commissaires de police du département de la Seine, une circulaire où il prescrivait une enquête chaque fois que serait constatée une infraction à l'ordonnance du 29 octobre 1846, au décret du 1er octobre 1908, ou à l'article 317 du code pénal.

L'ordonnance de 1846 réglemente le commerce des substances vénéneuses, commerce qui est réservé aux commerçants, chimistes ou pharmaciens, fabricants ou manufacturiers qui ont fait à la préfecture de police une déclaration spéciale. Le décret du 1er octobre 1908 impose les mêmes obligations pour l'opium. L'article 317 du code pénal punit d'un emprisonnement d'un mois à 5 ans et d'une amende de 16 à 500 fr. ceux qui auront administré des substances nuisibles à la santé.

Une proposition de la loi a été déposée par M. *Félix Chautemps* tendant à interdire la vente, la circulation et la fumerie de l'opium en France et dans les colonies françaises, ainsi que la vente, la circulation et l'emploi, sans prescriptions médicales, de la morphine, de la cocaïne et de toutes substances analogues [1].

M. *Charles Leboucq* a déposé une autre proposition de loi tendant à réprimer le débit, la détention, le transport, non autorisés, de la cocaïne, de l'opium et des alcaloïdes composant l'opium, la délivrance d'ordonnances en dehors des nécessités thérapeutiques, la location ou le prêt de locaux à usage de fumeries [2].

1. *J. O.*, 1er juin 1913, *Doc. parl.* Chambre, annexe n° 2689, page 395.
2. *Ibid.*, n° 2692, pages 395-396.

Bibliographie.

DOCUMENTS OFFICIELS. — Opium en Indo-Chine. (Rapport de *M. Gervais*, sénateur, sur le budget des colonies pour l'exercice 1911.) — *J. O.*, 20 octobre 1911, Sénat, annexe 151, pages 867-868.

Proposition de loi Félix Chautemps, tendant à interdire la vente, la circulation et la fumerie de l'opium et réglementant l'usage de la morphine, de la cocaïne et des substances analogues. — *J. O.*, 1er juin 1913, *Doc. parl.* Chambre, annexe n° 2689, p. 395.

Proposition de loi Charles Leboucq, tendant à réglementer l'usage de la cocaïne, de l'opium et des alcaloïdes composant l'opium. — *J. O.*, 1er juin 1913, *Doc. parl.* Chambre, annexe n° 2692, pages 395-396.

Rapport annuel sur la situation générale de l'Indo-Chine. — *J. O.*, annexe, 13-14 mars 1912, pages 185-275 (Opium, p. 241.)

LIVRES ET BROCHURES. — Les Opiomanes, par le *Dr Dupouy*. 1 vol. in-8° de 342 pages. — Paris, Alcan, 1912. Prix : 7 fr. 50.

Histoire pathologique des fumeurs d'opium : périodes de début, d'accoutumance et d'état ; thébaïques ; période de terminaison, dans la mort, par l'effondrement de tout l'être physique et moral.

L'opium n'est qu'un poison. Il mène, à travers les pires souffrances, à la veulerie, à l'immoralité, à l'amoralité, aux perversions de tout ordre. L'opiomane n'est plus qu'une « loque humaine » capable de tout méfait, incapable de tout effort.

L'Etat français se fait complice du mal en vendant lui-même la « drogue » ; il équilibre son budget de l'Indo-Chine à l'aide des quinze millions que rapporte la manufacture de Saïgon.

M. le Dr Régis n'a pas ménagé les éloges à ce livre, et la Société médico-psychologique lui a décerné le prix Esquirol.

La fumée divine, par *G. Miraben*. — Giard et Brière, Paris, 1912.

Les fumées de l'opium, par *Claude Farrère*. — Paris, 1912.

REVUES. — Comment on fume l'opium, par *G. Miraben*. — *Revue bleue*, 14 septembre 1912, pages 338-343.

Le commerce de l'opium en Turquie. — *J. O.*, 1er juillet 1912, pages 5800-5802 (séance du 21 juin de la Société de Géographie).

La convention de l'opium. — *La Grande Revue*, 25 juillet 1912, p. 385.

La lutte contre l'opium. — *Le Christianisme social*, p. 292, avril 1912.

L'opium et la Chine, par *Théodore-C. Taylor*. — *Contemporary Review*, janvier 1913.

TABLE DES MATIÈRES

Bar-le-Duc. — Impr. Brodard, Meuwly et Cie. — 3406,8,13.

Documents manquants (pages, cahiers...)

NF Z 43-120-13

www.ingramcontent.com/pod-product-compliance
Ingram Content Group UK Ltd.
Pitfield, Milton Keynes, MK11 3LW, UK
UKHW021021200726
13857UKWH00004B/1518

9 782011 943859